À plus!

Nouvelle édition

4

Klassenarbeitstrainer

mit Lösungen

À plus! 4 *Nouvelle édition*
Klassenarbeitstrainer
mit Audio-CD

im Auftrag des Verlages erarbeitet von
Fidisoa R.-Freytag (Texte), Erik Wagner, Dr. Hanno Werry

und der Redaktion Französisch
Corinna Martin-Werner, Fidisoa R.-Freytag

Illustrationen: Laurent Lalo
Umschlaggestaltung: werkstatt für gebrauchsgrafik, Berlin
Layout und technische Umsetzung: graphitecture book & edition
Tonstudio: EURODVD, Paris

Umschlagfoto: © Glow Images: GRAPHEAST RM (links); © Shutterstock / Edyta Pawlowska (rechts)

Auf der Audio-CD findest du die Hörtexte der einzelnen Klassenarbeiten.

Liebe Schülerin, lieber Schüler!
Wenn du deine Ergebnisse überprüfen möchtest, kannst du die Lösungen downloaden. Gehe dazu auf **www.cornelsen.de/webcodes** und gib folgenden Webcode ein: **APLUS-4-KAT-N**. Dort findest du auch die gleichen Hörtexte wie auf der eingelegten Audio-CD als MP3-Dateien.

www.cornelsen.de

1. Auflage, 1. Druck 2016

© 2016 Cornelsen Verlag GmbH, Berlin

Druck: DBM Druckhaus Berlin-Mitte GmbH

ISBN 978-3-06-023275-8

 Inhalt gedruckt auf säurefreiem Papier aus nachhaltiger Forstwirtschaft.

INHALTSVERZEICHNIS

INHALTSÜBERSICHT DER AUDIO-CD

Track-Nr.	Titel		Laufzeit
1	Unité 1	Pour ou contre le travail des jeunes?	02 : 50
2	Unité 2	Le séjour de Julie en Allemagne	03 : 09
3	Unité 3	Souvenirs de voyage en Afrique	03 : 29
4	Module B	Échanges franco-allemands	03 : 08
5	Module D	On y retourne?	03 : 13
6	Module F	Des interviews au festival de la B. D.	03 : 23
7–31	Qu'est-ce que tu dis? (Unités 1–3, Modules A–F)		14 : 34
32	Copyright		00 : 42

Wegweiser durch deinen Klassenarbeitstrainer

À plus! **4** umfasst drei *Unités* und sechs *Modules* (A–F).

Unité

Für die *Unités* 1–3 **findest du jeweils zwei Klassenarbeiten (Klassenarbeit A und Klassenarbeit B). Jede Klassenarbeit beinhaltet eine Mischung aus Kompetenz- und Sprachtraining.**

Klassenarbeit A — **Hier kannst du das Leseverstehen üben.**

Compréhension écrite — Auch Leseverstehen ist Übungssache. Hier findest du eine entsprechende Aufgabe.

Vocabulaire — Mit diesen Übungen kannst du überprüfen, ob du mit dem Wortschatz der jeweiligen *Unité* vertraut bist.

Grammaire — Hier wiederholst du die neuen Grammatikstrukturen.

Production de texte — Hier schreibst du Texte auf Französisch, zum Beispiel E-Mails.

Klassenarbeit B — **Hier kannst du das Hörverstehen üben.**

Compréhension orale — Mit dieser Aufgabe trainierst du das Hörverstehen.

Vocabulaire — Hier kannst du überprüfen, ob du mit dem Wortschatz der jeweiligen *Unité* vertraut bist.

Grammaire — Mit diesen Übungen wiederholst du die neuen Grammatikstrukturen.

Médiation — Hier übst du, Informationen aus deutschen Texten auf Französisch wiederzugeben.

Module

Zu jedem der sechs ***Modules*** (A–F) findest du eine Klassenarbeit. Diese Klassenarbeit beinhaltet eine Aufgabe zum Lese- **oder** Hörverstehen sowie zur Textproduktion **oder** Sprachmittlung. Aufgaben zur Grammatik und zum Wortschatz gibt es in allen sechs Klassenarbeiten.

Qu'est-ce que tu dis?

Hier findest du Übungen zum Sprechen.

Mit einem Partner / einer Partnerin oder auch alleine kannst du die Redemittel der *Unités* 1–3 und der *Modules* A–F trainieren. Die französischen Sätze findest du in ihrer gesprochenen Fassung auf der Audio-CD. So kannst du auch deine Aussprache üben.

Barèmes

Schätze deine Leistungen mit Hilfe der Punktetabelle ein.

Du möchtest deine Ergebnisse überprüfen? Die Lösungen kannst du dir downloaden. Gehe dazu auf **www.cornelsen.de/webcodes** und gib folgenden Webcode ein: **APLUS-4-KAT-N**. Dort findest du auch die Hörtexte abgedruckt.

Viel Erfolg mit deinem Klassenarbeitstrainer!

Klassenarbeit A

_____ / 82 P.

Compréhension écrite | **Leseverstehen**

Voici ce que Jade a écrit sur son blog.

Le blog de Jade

«Mon premier stage»

Salut tout le monde! Hier je vous ai parlé de mon premier travail pendant les vacances d'été. Aujourd'hui, je voudrais vous parler de mon premier stage.

C'était il y a un an. Je venais d'avoir 15 ans et j'étais en troisième. Dans mon collège, tous les élèves de troisième doivent faire un stage pendant une semaine. C'est ce qu'on appelle «la semaine de découverte professionnelle».

Ma meilleure amie Emma voulait faire un stage dans un restaurant parce qu'elle aime bien servir les gens et faire la cuisine. Ce n'est pas trop mon truc. Je trouve que c'est trop de stress.

Moi, je préfère les choses plus calmes. J'aime bien écouter de la musique et lire des livres ou des bédés. Les livres, c'est ma passion. Je préférais donc trouver un stage dans une librairie ou dans une bibliothèque[1]. À Molsheim[2], c'était la ville dans laquelle j'habitais jusqu'à l'année dernière, il y avait seulement une petite bibliothèque, et deux librairies.

Alors j'ai préparé mes lettres de motivation. Comme je n'étais pas trop sûre au début, j'ai demandé de l'aide à ma prof de français. Nous avons passé quelques heures ensemble pour corriger mes fautes dans mes lettres de motivation et pour faire un CV. Quand tout était enfin prêt, j'ai envoyé mes trois lettres avec mes CV.

Ensuite, j'ai attendu une réponse. Tous les jours, je regardais dans la boîte aux lettres, mais rien n'arrivait. Et puis un jour, j'ai enfin trouvé une réponse d'une des deux librairies. Malheureusement, on ne pouvait pas me prendre. Cette librairie avait besoin d'une personne qui travaille trois mois, et pas seulement une semaine comme moi. J'étais un peu triste, mais il y avait deux autres candidatures encore sans réponse.

Et puis, la bibliothèque de Molsheim m'a aussi répondu. Mais pendant la semaine où je voulais faire mon stage, la bibliothèque devait rester fermée. Un stage n'était donc pas possible. Je commençais à m'inquiéter. Si l'autre librairie n'acceptait pas non plus ma candidature, je devrais chercher une autre entreprise pour poser une candidature. Oui, mais laquelle? Rien n'était aussi intéressant qu'une librairie ou une bibliothèque, à mon avis. Je commençais à perdre courage quand j'ai enfin reçu une invitation pour me présenter dans l'autre librairie de Molsheim.

Pour cette rencontre, Maman et moi, nous sommes allées m'acheter un nouveau pantalon. Et puis, je suis allée voir la chef de la librairie. Je devais lui expliquer mes points forts et aussi pourquoi j'étais intéressée par cette librairie. À mon avis, ça s'est super bien passé, et le lendemain, la chef m'a téléphoné pour dire que je pourrai faire le stage dans sa librairie. J'étais trop contente.

Quelques semaines plus tard, j'ai donc commencé mon stage. J'arrivais le matin à 9 heures et je finissais vers 16 heures. Là, j'ai appris comment il fallait ranger et présenter les livres dans les étagères. Parfois, j'aidais les gens qui cherchaient un livre. Le soir, j'étais souvent fatiguée. En plus, je n'ai pas gagné d'argent.

Ce stage m'a quand même beaucoup plu. Si je ne travaillais pas dans le domaine qui m'intéresse, je ne serais pas motivée. Ce serait trop ennuyeux, et alors là, je n'aurais pas envie de travailler.

---

1 la bibliothèque die Bücherei – **2 Molsheim** _ville en Alsace, à environ 30 kilomètres de Strasbourg_

1 **Lis le texte. Coche ensuite les bonnes réponses. Si nécessaire, justifie-les avec des citations du texte.**

_____/24 P.
(12 x 2 P.)

1. Jade a fait son premier stage à l'âge de
   - **a** ☐ 14 ans.
   - **b** ☐ 15 ans.
   - **c** ☐ 16 ans.

2. Les élèves de troisième peuvent choisir s'ils veulent faire un stage ou aller en cours pendant une semaine.
   - **a** ☐ vrai
   - **b** ☐ faux

   Justification: ____

3. Jade ne veut pas faire son stage dans un restaurant …
   - **a** ☐ parce qu'elle n'aime pas se stresser.
   - **b** ☐ parce qu'elle ne veut pas travailler avec son amie Emma.
   - **c** ☐ parce qu'Emma est contre.

4. Jade veut faire son stage dans une librairie ou dans une bibliothèque …
   - **a** ☐ parce qu'elle est accro aux livres.
   - **b** ☐ parce qu'elle connaît quelqu'un qui y travaille.
   - **c** ☐ parce que sa mère est pour.

5. Pour ses lettres de motivation, …
   - **a** ☐ Jade n'avait pas besoin d'aide.
   - **b** ☐ une prof a aidé Jade.
   - **c** ☐ Jade a demandé l'aide d'une copine.

6. Jade a tout de suite eu une réponse.
   - **a** ☐ vrai
   - **b** ☐ faux

   Justification: ____

   ____

7. Jade ne peut pas faire son stage à la première librairie …
   - **a** ☐ parce que dans cette librairie, on n'a pas besoin d'aide.
   - **b** ☐ parce que cette librairie a besoin de quelqu'un qui reste plusieurs mois.
   - **c** ☐ parce que dans cette librairie, on ne prend pas d'élèves.

8. Jade ne peut pas faire son stage à la bibliothèque de Molsheim.
   - **a** ☐ vrai
   - **b** ☐ faux

   Justification: ____

   ____

9. La deuxième librairie a invité Jade à se présenter.
   - **a** ☐ vrai
   - **b** ☐ faux

   Justification: ____

10. Pendant la rencontre, la chef de la librairie veut savoir quelles sont les matières préférées de Jade.

    a ☐ vrai   **b** ☐ faux

Justification: ____

11. Jade a reçu un peu d'argent pour son stage.

    a ☐ vrai   **b** ☐ faux

Justification: ____

12. Jade était contente de son stage.

    a ☐ vrai   **b** ☐ faux

Justification: ____

■ Vocabulaire | Wortschatz   `____/16 P.`

2 **a** Trouve un mot de la même famille. Écris les noms avec l'article défini.   `____/5 P.`
`(10 x 0,5 P.)`

1. courageux/-euse → ____

2. l'impression → ____

3. le/la candidat/e → ____

4. étranger/-ère → ____

5. la passion → ____

6. riche → ____

7. décider → ____

8. servir qn → ____

9. apprendre qc → ____

10. recevoir qn → ____

b Choisis quatre mots de **a** et fais une phrase avec chacun de ces mots.   `____/4 P.`

____

____

____

____

____

  Trouve les mots qui manquent et complète la grille.

Horizontal:
- Personne n'a le droit de **1** de mon avenir. Je veux choisir ce que j'aime.
- Ta copine **2** à ZAZ. Elle a aussi les yeux bleus.
- Est-ce que tu pourrais t' **3** de travailler comme dessinateur?
- Pour travailler à l'étranger, il est très **4** de parler anglais.
- Tu m'as beaucoup **5** avec tes connaissances sur les métiers.
- Paul voudrait devenir médecin, il aime **6** les gens malades.

Vertical:
- Gabriel va partir seul à l'étranger; son **7** m'impressionne.
- Marion aime dessiner, elle voudrait devenir **8** .
- Tu sais, prendre des photos, c'est ma **9** .
- Amélie, tu viens d'avoir 18 ans, est-ce que tu as déjà des projets d' **10** ?
- Pour réussir dans la vie, il faut être fier de ses qualités et ne pas être trop **11** .
- **12** l'avis de mon père, je voudrais faire des études de théâtre. Malheureusement, mon père ne me comprend pas.
- Chanter, c'est son truc. Lili chante très bien. Je suis sûr qu'elle aura du **13** plus tard.
- Pierre, tu es très **14** pour le foot, tu devrais jouer dans une équipe professionnelle.

4 Ton correspondant te parle de ses problèmes. Donne-lui des conseils. Complète les phrases avec les mots donnés et utilise le conditionnel présent.
_____/ 5 P.

1. **Ton correspondant:** Je voudrais m'acheter un vélo, mais je n'ai pas assez d'argent.

   Toi: À ta place, ____
   (*travailler* pendant les vacances)

2. **Ton correspondant:** La semaine dernière, j'ai eu une mauvaise note en maths, mais je n'ai pas encore parlé à mes parents.

   Toi: À ta place, ____
   (leur *faire* confiance)

3. **Ton correspondant:** J'aimerais sortir avec Rachel, mais j'ai peur de lui parler.

   Toi: À ta place, ____
   (lui *écrire* un texto)

4. **Ton correspondant:** Je voudrais travailler à l'étranger cet été, mais je ne sais pas comment chercher.

   Toi: À ta place, ______________________________________

   ____
   (*regarder* sur Internet)

5. **Ton correspondant:** À l'école, les langues sont mes matières préférées, mais je ne sais pas encore ce que je voudrais faire plus tard.

   Toi: À ta place, ____
   (*partir* à l'étranger)

5 Complète les phrases. Utilise l'imparfait ou le conditionnel présent.
_____/ 3 P.
(6 x 0,5 P.)

1. Si tu venais avec nous en vacances, nous _______________ (*partir*) au bord de la mer.

2. Si elle _______________ (*être*) moins fière, elle serait plus sympa.

3. Si on travaillait ensemble, tu _______________ (*avoir*) des meilleures notes en maths.

4. Si je _______________ (*pouvoir*) faire un grand voyage, j'irais aux États-Unis.

5. Si vous aviez un salaire fixe, vous _______________ (*acheter*) une voiture.

6. Si Jules était prêt à faire des études, ses parents ne l'_______________ (*empêcher*) pas.

6 Complète les phrases. Utilise *personne ne …* et *rien ne …*.   ____/7 P.

La mère de Miriam: Mais Miriam! Qu'est-ce qui ne va pas?

Miriam: Aujourd'hui, __________________ va. Je m'ennuie. Ma copine Adèle a dû partir chez sa

mamie. Je dois rester toute seule.

La mère de Miriam: Mais tu as d'autres copines, non?

Miriam: Oui, mais aujourd'hui, __________________ est là. J'ai essayé d'appeler Léna et Claire,

mais __________________ a du temps pour moi.

La mère de Miriam: Et tu as regardé ce qui passe à la télé?

Miriam: Oui, bien sûr! Il y a seulement des émissions nulles. __________________ m'intéresse.

La mère de Miriam: Hm … Et tu ne veux pas sortir?

Miriam: Mais non! __________________ veut venir avec moi. C'est trop nul.

La mère de Miriam: Et si tu sortais le chien? __________________ t'empêche de faire une petite

balade avec Pilou. Il va être content.

Miriam: Ah! Tu as raison. __________________ veut venir avec moi, alors je vais sortir Pilou. On

va se promener ensemble dans le parc.

7 Voici des titres dans un journal. Complète-les par des formes correctes de   ____/5 P.
battre **ou** *se battre*.

1 **Football:** Chers joueurs! Vous __________________ *(passé composé)*
avec beaucoup de courage. Nous sommes fiers de vous.

2 **Rugby:** Les Bleus __________________ la Roumanie 38:11

3 **Natation:** L'équipe de France __________________ l'équipe de Chine

4 **Musique:**
La nouvelle chanson de Keen'V «Je __________________ pour notre amour» est un succès!

5 **Télé:** Ils __________________ pour leur rêve
Tous les jeudis à 20 h 35, le magazine de société présenté par Matthieu Delormeau.

8

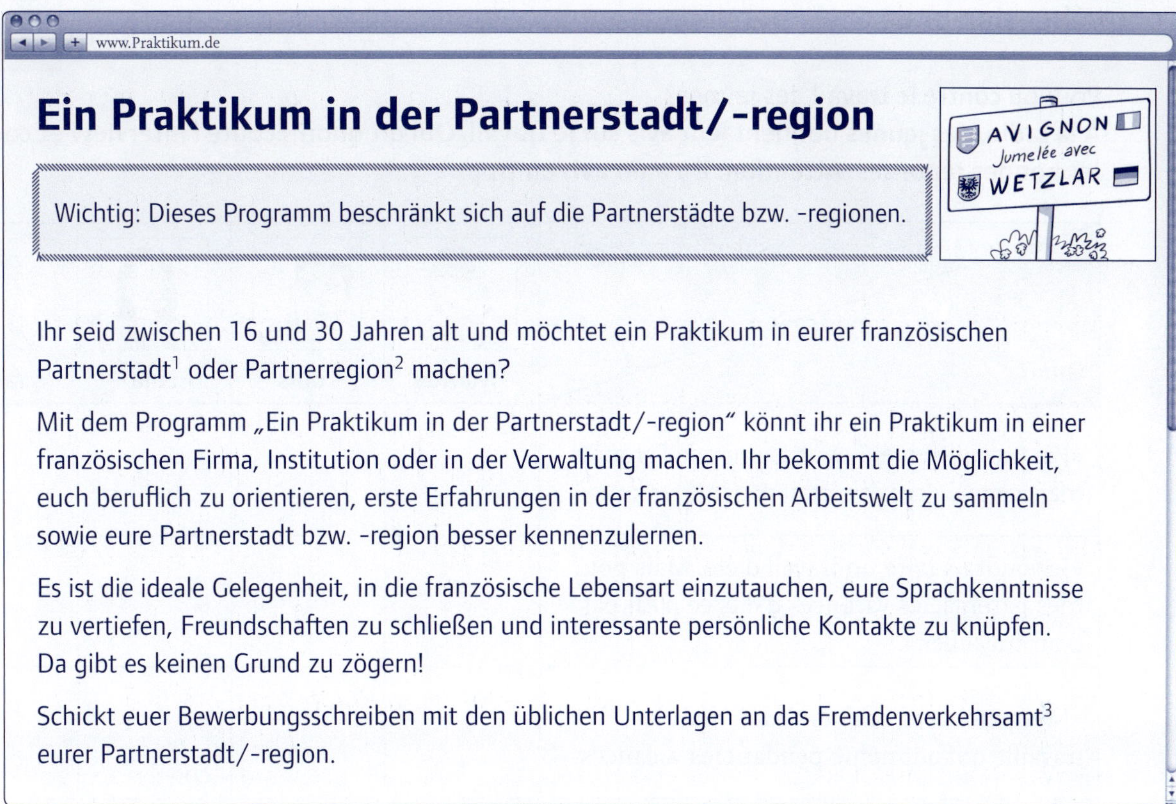

Ein Praktikum in der Partnerstadt/-region

Wichtig: Dieses Programm beschränkt sich auf die Partnerstädte bzw. -regionen.

Ihr seid zwischen 16 und 30 Jahren alt und möchtet ein Praktikum in eurer französischen Partnerstadt[1] oder Partnerregion[2] machen?

Mit dem Programm „Ein Praktikum in der Partnerstadt/-region" könnt ihr ein Praktikum in einer französischen Firma, Institution oder in der Verwaltung machen. Ihr bekommt die Möglichkeit, euch beruflich zu orientieren, erste Erfahrungen in der französischen Arbeitswelt zu sammeln sowie eure Partnerstadt bzw. -region besser kennenzulernen.

Es ist die ideale Gelegenheit, in die französische Lebensart einzutauchen, eure Sprachkenntnisse zu vertiefen, Freundschaften zu schließen und interessante persönliche Kontakte zu knüpfen. Da gibt es keinen Grund zu zögern!

Schickt euer Bewerbungsschreiben mit den üblichen Unterlagen an das Fremdenverkehrsamt[3] eurer Partnerstadt/-region.

1 **die Partnerstadt** la ville jumelée – 2 **die Partnerregion** la région jumelée – 3 **das Fremdenverkehrsamt** l'office de tourisme _m._

Pour faire un stage en France, tu voudrais participer au programme _Ein Praktikum in der Partnerstadt/-region._ **Tu écris alors une lettre de motivation à l'office de tourisme de ta ville jumelée en France.**

Dans ta lettre de motivation, ...
- **tu te présentes,**   2 P.
- **tu expliques pourquoi tu veux faire un stage en France,**   4 P.
- **tu dis quelle formation / quel métier tu veux faire plus tard,**   4 P.
- **tu parles de tes qualités et de tes expériences,**   5 P.
- **tu poses des questions (sur le travail, sur les horaires de travail, etc.).**   5 P.

N'oublie pas les formules au début et à la fin de ta lettre.   2 P.

_____ / 92 P.

Compréhension orale | Hörverstehen

_____ / 25 P.
(5 x 5 P.)

1 Pour ou contre le travail des jeunes?
À la radio, des jeunes donnent leur avis sur le travail. Qui dit quoi? Écoute l'interview et coche les bonnes réponses. Attention: Il y a un avis en trop.

Quoi? / Qui?	Marie	Louis	Lina	Yanis
«J'ai travaillé en été pour gagner de l'argent, mais ce que j'ai fait n'était pas intéressant.»				
«Je voudrais faire un travail d'été. Mais pour mes parents, les vacances d'été, ce n'est pas pour travailler.»				
«Mes parents m'achètent tout, mais je travaille quand-même pendant les vacances.»				
«En été, j'ai déjà eu plusieurs fois un travail, mais mes parents ne me permettent pas de travailler après les cours.»				
«Comme mes parents ne me donnent pas assez d'argent, je dois travailler après les cours et pendant les vacances.»				

Vocabulaire | Wortschatz

_____ / 14 P.

2 Qu'est-ce qui va ensemble? Écris les lettres dans les cases.

_____ / 5 P.
(10 x 0,5 P.)

prendre	1	A	son entreprise	
réussir	2	B	confiance	
poser	3	C	des conseils	
être intéressé/e	4	D	son examen	
être doué/e	5	E	de l'argent	
être prêt/e	6	F	des décisions	
gagner	7	G	par un travail	
monter	8	H	pour un métier	
faire	9	I	à travailler	
donner	10	J	sa candidature	

1		2	
3		4	
5		6	
7		8	
9		10	

3 Complète avec les mots dans l'encadré.
Attention: Il y a un mot en trop.

_____/ 6 P.
(12 x 0,5 P.)

niveau	candidature	points forts	CV	décisions	employeur	énervé
étranger	expériences	motivés	stage	intéressé	lettre de motivation	

Salut Yann,

Ça va? Tu te rappelles? Une entreprise cherchait des jeunes _____________ qui devaient

avoir un bon _____________ en anglais et en allemand et des _____________ avec

des touristes. J'étais tout de suite très _____________ par cette demande. Alors, j'ai posé

ma _____________. J'ai écrit une _____________ et un

_____________. J'ai parlé de mes _____________ : Par exemple, j'aime

prendre des _____________. Deux jours plus tard, l'_____________ m'a répondu.

Il m'a proposé un _____________ à l'_____________. C'est super.

À+!
Paul

4 Trouve le métier de la personne qui parle. Note-le avec l'article indéfini.

_____/ 3 P.
(6 x 0,5 P.)

1

C'est _____________.

2

C'est _____________.

3

C'est _____________.

C'est ________________________ .

C'est ________________________ .

C'est ________________________ .

Grammaire | Grammatik

_____/29 P.

5 Pénélope imagine son avenir. Complète les phrases avec les verbes dans l'encadré et utilise le conditionnel présent.

_____/7 P.

| expliquer | vouloir | pouvoir | être | faire | aller | proposer |

Pénélope

Je ________________________ devenir actrice. Je ________________________

des études dans une université spéciale qui ________________________

des stages à l'étranger. Mes parents ________________________ peut-être

contre. Mais on ________________________ en discuter. Comme ça, je leur

________________________ pourquoi j'aime ce métier. Et après, nous

________________________ ensemble au cinéma …

6 a Complète les phrases avec les expressions dans l'encadré. Utilise le conditionnel présent. _____/1,5 P.

avoir moins de problèmes	pouvoir lui confier des secrets	faire des études

1. Si tu travaillais plus, tu _____________________

2. Si Pierre n'était pas bavard, on _____________________

3. Si vous ne discutiez pas tout le temps, vous _____________________

b Complète les phrases avec les expressions dans l'encadré. Utilise l'imparfait. _____/1,5 P.

connaître mieux mon caractère	faire régulièrement tes devoirs	rater l'examen

1. Elle se moquerait moins de moi si _____________________

2. Tu aurais une meilleure note en maths si _____________________

3. Mes parents s'énerveraient si _____________________

c Complète les phrases avec tes propres idées. Utilise la bonne forme du verbe. _____/2 P.

1. J'adorerais les cours de maths si _____________________

2. Je voudrais vivre en France si _____________________

7 a Réponds aux questions. Utilise *personne ne ...* **et** *ne ... personne*. _____/5 P.

1. – Est-ce que quelqu'un a répondu à ta candidature?

   – Non, _____________________

2. – Est-ce que le chef d'entreprise a employé quelqu'un pendant les vacances?

   – Non, _____________________

3. – Tu connais des jeunes dans ce stage?

   – Non, _____________________

4. – Est-ce que tes amis sont venus pour ton anniversaire?

   – Non, _____________________

5. – Est-ce que tu as rencontré des élèves de ta classe pendant ton voyage?

   – Non, _____________________

b Réponds aux questions. Utilise *rien ne …* **et** *ne … rien.*   _____/5 P.

    1. – Mathis, tu veux manger quelque chose?

      – Non merci, ____

    2. – Qu'est-ce que tu fais ce soir?

      – Ce soir, ____

    3. – Qu'est-ce qui t'intéresse à la télé?

      – Eh bien! ____

    4. – Tu vas lire un livre ou un magazine le week-end?

      – Le week-end, ____

    5. – Qu'est-ce qui te plaît alors?

      – Eh bien, c'est ça, le problème! Aujourd'hui, _______________________

8 Complète le dialogue. Utilise les formes correctes de *battre* ou *se battre*.   _____/7 P.

Père: Les enfants! Vous _____________________ (*passé composé*) encore? Mais pourquoi

est-ce que vous _____________________ tout le temps?

Lucas: Mais papa! C'est Olivier qui _____________________ toujours les autres. Moi, je ne

_____________________ avec personne.

Olivier: Mais non, je ne _____________________ pas _____________________ (*passé composé*).

Père: Mais arrêtez! Ne dites pas n'importe quoi! Regardez vos cousines, elles sont toujours calmes,

elles ne _____________________ jamais.

9 Nicolas, der 18-jährige Bruder deines französischen Austauschpartners, will ein Jahr in Deutschland verbringen. Um seinen Auslandsaufenthalt zu finanzieren, sucht er dort einen Job. Er hat im Internet folgende Anzeige gefunden:

www.plattform-nachhilfe.de

Nebenjob als Nachhilfelehrer/in

12,00 € / Stunde	260,00 € / Monat
5 Wochenstunden	ab sofort

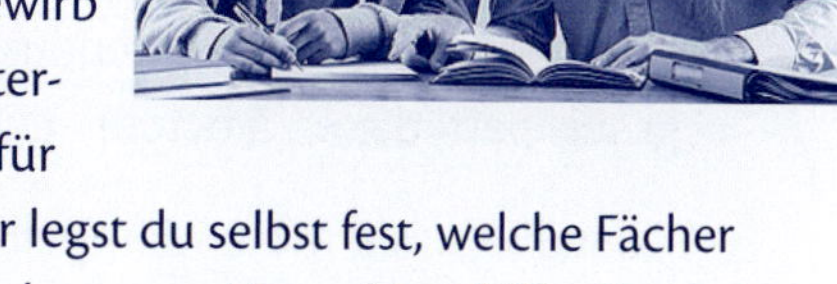

Du bist Schüler/in oder Student/in? Du kannst anderen Menschen etwas gut erklären und hast dabei viel Spaß? Dann bewirb dich als Nachhilfelehrer/in bei „Plattform Nachhilfe". Du unterrichtest Schüler/innen in deiner Umgebung und erhältst dafür eine angemessene Bezahlung. Bei unserer Nachhilfe-Agentur legst du selbst fest, welche Fächer (Mathematik, Englisch, Französisch …) du anbietest und ob du nur zu Hause Nachhilfe gibst oder auch zu deinen Schülern fährst.

Folgende Voraussetzungen solltest du als Nachhilfelehrer/in bei „Plattform Nachhilfe" erfüllen:

- Mindestalter 16 Jahre
- Gute bis sehr gute Leistungen in der Schule / im Studium (fachliche und methodische Kompetenz)
- Wenn du Unterricht in einer Fremdsprache anbieten willst: sehr gute Kenntnisse in Wort und Schrift
- Selbstverständlich sind gute Deutschkenntnisse

- Kreativität und Zuverlässigkeit
- Flexibel und mobil
- Pflichtbewusst und pünktlich
- Erste Berufserfahrungen im Bereich Nachhilfe oder im Umgang mit Kindern und Jugendlichen sind von Vorteil
- Auslandserfahrung ist ebenfalls von Vorteil

Solltest du Interesse an einem Job als Nachhilfelehrer/in bei „Plattform Nachhilfe" haben, schicke einfach deine Bewerbungsunterlagen (Anschreiben, Lebenslauf mit Foto, Zeugnisse sowie mögliche Referenzen oder Zertifikate) an: info@plattform-nachhilfe.de

Selbstverständlich steht dir das Team von „Plattform Nachhilfe" jederzeit für Fragen rund um das Thema Nachhilfe zur Verfügung. Du erreichst unsere pädagogischen Mitarbeiter per E-Mail (info@plattform-nachhilfe.de).

Wir freuen uns sehr, dich vielleicht schon bald in unserem Team zu begrüßen.

Da Nicolas nicht alle Einzelheiten versteht, bittet er dich, die wichtigsten Informationen in einer E-Mail zusammenzufassen. Schreibe in dein Heft.

Klassenarbeit A

_____/ 95 P.

Compréhension écrite | Leseverstehen

_____/ 26 P.

Finn, 15 ans, a passé trois mois en France. À son retour en Allemagne, sa prof de français lui demande d'écrire un texte en français et d'y raconter ses expériences.

Mon échange à Montpellier

1 À 16 ans, ma grande sœur, Johanna, est partie un an en France. Ça lui a énormément plu. Alors moi aussi, j'ai voulu partir. Sur le site de l'OFAJ, j'ai trouvé rapidement un correspondant à Montpellier.

2 Il s'appelle Raphaël, et il a le même âge que moi. Comme moi, il est accro à la B. D., et nous nous sommes très vite bien entendus. Raphaël est d'abord venu chez moi à Rosenheim au printemps, et je suis parti d'août à octobre chez lui.

3 Quand je suis arrivé à Montpellier, Raphaël et sa famille m'attendaient déjà à la gare. Ils m'ont fait la bise pour me dire bonjour. C'était la première fois qu'on me disait bonjour comme ça. J'ai trouvé ça un peu bizarre. Mais en France, c'est normal. Maintenant j'ai l'habitude, et ça ne me dérange plus.

4 La famille de Raphaël était contente que je vienne chez eux. J'ai trouvé son père et sa mère très gentils. Raphaël a un grand frère, Gabriel, qui a 18 ans. Je le trouve sympa lui aussi, mais on n'a presque rien fait ensemble.

5 Au début de mon échange, j'étais un peu timide. J'avais peur de parler français. Mais après deux semaines, je me suis senti mieux, et la famille de Raphaël est vite devenue ma deuxième famille.

6 La première semaine de septembre, c'est la rentrée des classes en France. Alors je suis allé en cours avec Raphaël. Nous étions tous les deux en troisième A au collège Georges Clemenceau de Montpellier. Tous les matins, on partait vers 7 heures et demie pour être à huit heures au collège. On passait presque toute la journée au collège.

7 En classe, tout est plus sérieux. Il y a moins de liberté qu'en Allemagne. C'est surtout le prof qui parle, et les élèves écrivent ce qu'il dit.

8 À midi, on mangeait à la cantine. Là, ce n'était pas vraiment la bonne cuisine française. Mais je trouvais génial que Raphaël et moi soyons avec ses copains. Pendant le déjeuner, on rigolait bien ensemble.

9 À une heure et demie, les cours recommençaient jusqu'à 17 heures, et parfois même jusqu'à 18 heures! Pour moi, c'était très long. Mais après quelques semaines, j'ai eu l'habitude de ce rythme.

10 Tous les soirs après le collège, nous passions beaucoup de temps à faire les devoirs. À mon avis, il y en a plus qu'en Allemagne. J'avais moins de devoirs que Raphaël. Mais dans toutes les matières, je faisais chaque interro.

11 Heureusement, il y avait aussi des moments plus cool. En septembre, il faisait encore beau à Montpellier. Du soleil toute la journée! C'était génial qu'on puisse encore aller à la plage de Carnon pour se baigner. Raphaël et moi, on y allait presque tous les jours.

12 À la fin de mon séjour, je parlais plus couramment le français, et je n'avais pas trop envie de rentrer en Allemagne. Et puis, Raphaël aussi était triste que je parte. Mais une chose est sûre, nous allons nous revoir, en France ou en Allemagne!

1 Lis le texte et les titres suivants. Quel titre va avec quel paragraphe? ____/12 P.
Mets le bon numéro dans la case correspondante. Attention: Il y a un titre en trop.

☐ Avant mon retour à Rosenheim

☐ Le début de mon séjour

☐ Mon correspondant

☐ Du temps libre au bord de la mer

☐ Encore du travail après les cours

☐ La différence entre l'école en France et en Allemagne

☐ La première rencontre avec ma famille d'accueil en France

☐ Les après-midis

☐ Les repas au collège

☐ Mes premières expériences au collège en France

☐ Le séjour de mon correspondant en Allemagne

☐ Toute la famille était sympa

1 Pourquoi j'ai voulu participer à l'échange

2 Lis le texte encore une fois et coche les bonnes réponses. ____/14 P.

1. Finn a commencé à s'intéresser à un échange …
   a ☐ après la lecture d'un article sur Internet.
   b ☐ à cause des expériences de sa sœur.
   c ☐ parce qu'il avait un correspondant français depuis un an.

2. Raphaël, son correspondant, …
   a ☐ adore la B. D. et cela énerve Finn.
   b ☐ déteste la B. D. mais Finn aime bien.
   c ☐ s'intéresse à la B. D. et cela plaît à Finn.

3. Finn est allé à Montpellier …
   a ☐ avant le séjour de Raphaël en Allemagne.
   b ☐ après le séjour de Raphaël en Allemagne.
   c ☐ mais Raphaël n'est pas venu en Allemagne.

4. À son arrivée en France, Finn ne trouve pas normal que sa famille d'accueil …
   a ☐ fasse la bise pour lui dire bonjour.
   b ☐ l'attende à la gare sans Raphaël.
   c ☐ n'accompagne pas Raphaël à la gare.

5. Pendant son séjour, Finn …
   a ☐ avait des problèmes avec le frère de Raphaël.
   b ☐ aimait bien aussi le frère de Raphaël.
   c ☐ a surtout fait des activités avec le grand frère de Raphaël.

6. Quand son séjour a commencé, Finn …
   a ☐ n'osait pas encore parler français.
   b ☐ se sentait déjà très bien.
   c ☐ n'avait pas de difficultés à parler français.

7. Après la rentrée des classes, Finn est allé …
   a ☐ à un autre collège que Raphaël.
   b ☐ au même collège que Raphaël, mais pas dans la même classe.
   c ☐ dans la même classe que Raphaël.

8. Pour Finn, …
   a ☐ les élèves en France sont plus autonomes qu'en Allemagne.
   b ☐ les professeurs en Allemagne donnent plus de liberté aux élèves.
   c ☐ les cours au collège français sont plus intéressants qu'à son école en Allemagne.

9. Finn …
   a ☐ trouvait les repas à la cantine formidables.
   b ☐ adorait les moments qu'il passait avec les autres élèves à la cantine.
   c ☐ était déçu parce que Raphaël ne mangeait pas avec lui à la cantine.

10. L'après-midi, Finn …
   a ☐ devait rester en cours comme les élèves français.
   b ☐ pouvait toujours rentrer à 17 heures.
   c ☐ rentrait chez sa famille d'accueil pour faire ses devoirs.

11. Le soir, Finn …
   a ☐ ne devait plus travailler.
   b ☐ devait travailler pour son école en Allemagne.
   c ☐ travaillait encore pour son collège en France.

12. Au collège, Finn …
   a ☐ avait moins d'interrogations que Raphaël.
   b ☐ avait autant d'interrogations que Raphaël.
   c ☐ avait autant de devoirs que Raphaël.

13. En septembre, …
   a ☐ il faisait trop froid pour se baigner dans la mer.
   b ☐ il faisait encore assez chaud, mais il pleuvait assez souvent.
   c ☐ le temps était encore agréable alors Finn et Raphaël allaient souvent à la plage.

14. À la fin de l'échange, …
   a ☐ Finn était content de repartir parce qu'il avait le mal du pays.
   b ☐ Finn avait pour la première fois des problèmes avec Raphaël.
   c ☐ Raphaël et Finn trouvaient dommage que l'échange soit terminé.

Vocabulaire | Wortschatz

_____ / 15 P.
(5 x 3 P.)

3 **Qu'est-ce que c'est? Explique ces mots ou expressions en français.**

1. le traversin: ____

2. le mal du pays: ____

3. l'habitude: ____

4. le ruban: ____

5. la tranche: ____

_____ / 33 P.

4 Indicatif ou subjonctif? Classe les expressions dans le tableau.

_____ / 7 P.
(14 x 0,5 P.)

> je voudrais que   je pense que   j'ai peur que   je ne veux pas que
> je trouve que   je trouve bizarre que   c'est dommage que   je crois que
> elle m'a expliqué que   elle est contente que   je suis étonné/e que
> je suis fier/fière que   ~~il dit que~~   je suis sûr/e que   il faut que

Les expressions qu'on utilise avec l'indicatif	Les expressions qu'on utilise avec le subjonctif
il dit que	

5 Termine les phrases avec les mots donnés. Attention à la forme correcte des verbes.

_____ / 6 P.

1. les échanges – *être* importants – pour apprendre une langue

   Je pense que ____

2. mon correspondant – ne pas *se sentir* bien chez moi

   J'ai peur que ____

3. mon correspondant – *avoir* le mal du pays

   Je ne veux pas que ____

4. tous mes copains – *vouloir* rencontrer mon correspondant

   Je suis sûr/e que ____

5. mon correspondant – *habiter* chez moi – pendant deux semaines

   Je suis content/e que ____

6. nous – *aller* dans la même classe

   Je trouve génial que ____

6 **a** Adjectif ou adverbe? Complète les phrases. Attention à l'accord des adjectifs. _____/8 P.

1. **différent**	**Manon1234:** Les profs allemands et les profs français travaillent _______________ _______________. Et dans toutes les classes, le niveau des élèves était _______________.
2. **gentil**	**Éric9876:** Ma famille d'accueil était très _______________. Tout le monde m'aidait _______________ quand il y avait des malentendus.
3. **intelligent**	**Fabienne2020:** Ma correspondante est peut-être plus _______________ que moi. Mais j'apprends plus _______________ qu'elle.
4. **long**	**Matti111:** Il fallait faire un tas de devoirs chaque jour. Alors mes soirées à mon bureau étaient _______________. Je travaillais _______________ pour faire des progrès en français.

b Quel est le bon adverbe? Souligne-le. _____/2 P. (4 x 0,5 P.)

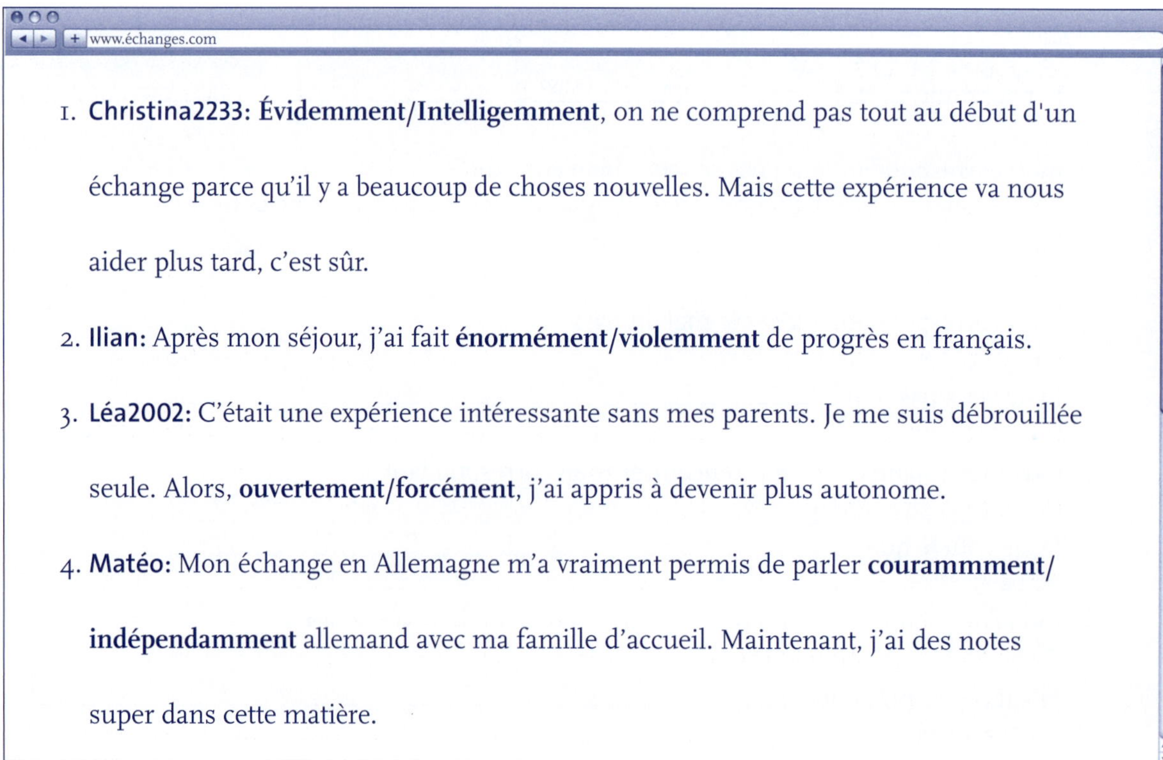

7 Complète les phrases. Utilise les bonnes formes de *se plaindre* **et** *rejoindre*.   /5 P.
(10 × 0,5 P.)

Après leur échange en Allemagne, les élèves de la 3ᵉ A _________________ leur professeur.

Beaucoup d'élèves _________________ parce qu'ils ne sont pas contents de leurs expériences.

– Monsieur, il faut que nous _________________ de l'organisation de l'échange. Le professeur

de français _________________ (*passé composé*) notre groupe le lendemain de notre arrivée.

– Oui, je sais … Hier, une autre élève _________________ (*passé composé*) aussi … Mais tout

allait bien dans les familles d'accueil allemandes? La dernière fois, il y a eu des élèves qui

_________________ (*passé composé*) des habitudes différentes.

– Moi, je _________________ seulement des heures des repas des Allemands. Le soir, je ne

pouvais plus _________________ mes copains.

– Et moi, je _________________ tout de suite votre professeur d'allemand pour lui parler de

vos «problèmes». Maintenant je sais pourquoi il _________________ toujours de la 3ᵉ A …

8 Théo, ton correspondant français, ne comprend pas bien l'allemand.   /5 P.
Alors tu lui expliques ce que disent tes parents.
Utilise *demander à qn de faire qc* **et** *dire à qn de faire qc*.

1. **Dein Vater:** Kannst du mir helfen, eine E-Mail auf Französisch zu schreiben?

   Du sagst Théo: _________________ français.

2. **Deine Mutter (zu dir und Théo):** Kommt bitte direkt nach der Schule nach Hause.

   Du sagst Théo: _________________ tout de suite après l'école.

3. **Deine Mutter zu Théo:** Kannst du für uns ein französisches Gericht kochen?

   Du sagst Théo: _________________ un plat français.

4. **Deine Mutter (zu dir und Théo):** Räumt jeden Tag euer Zimmer auf!

   Du sagst Théo: _________________ chambre tous les jours.

5. **Deine Mutter und dein Vater:** Ihr geht abends um 21 Uhr schlafen!

   Du sagst Théo: _________________ à 21 heures.

9   Yanis, ton correspondant français, va venir chez toi en Allemagne.
Deux semaines avant son arrivée, il t'envoie ce mail:

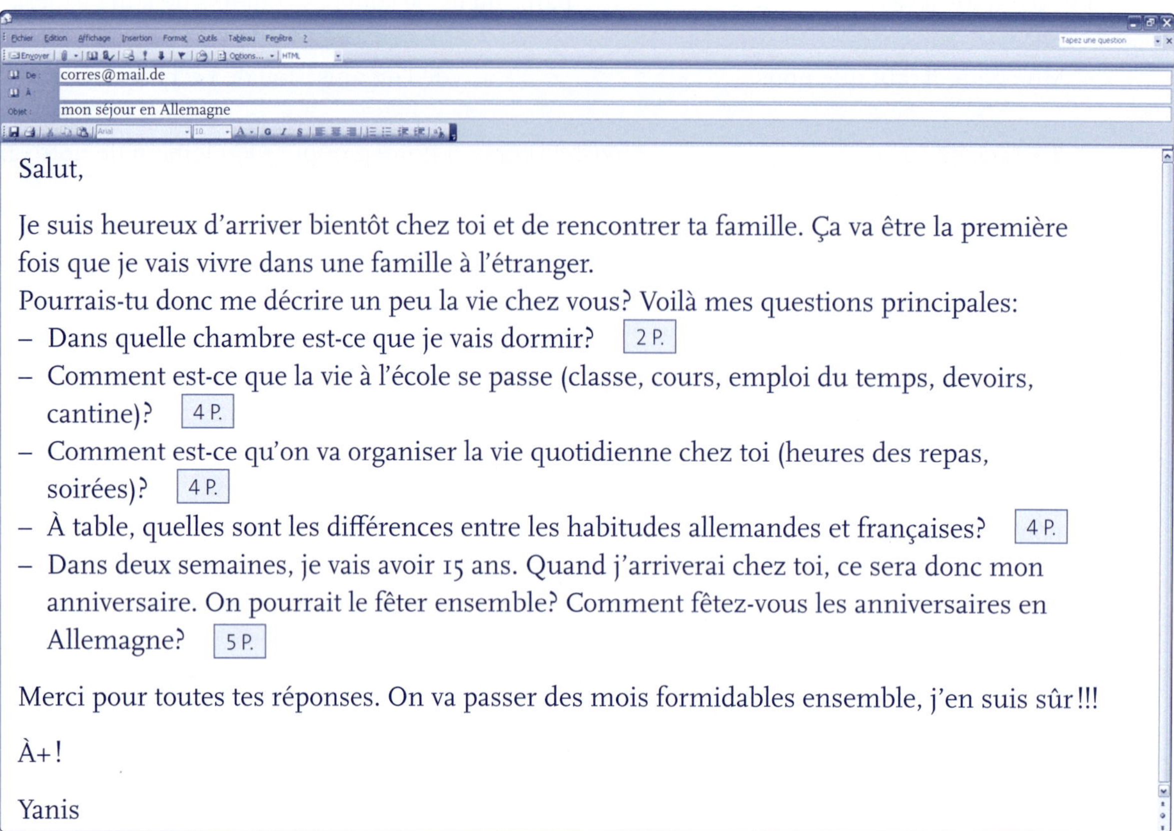

Pour répondre aux questions de Yanis, tu lui écris un mail. N'oublie pas les formules au début et à la fin de ton mail.   2 P.

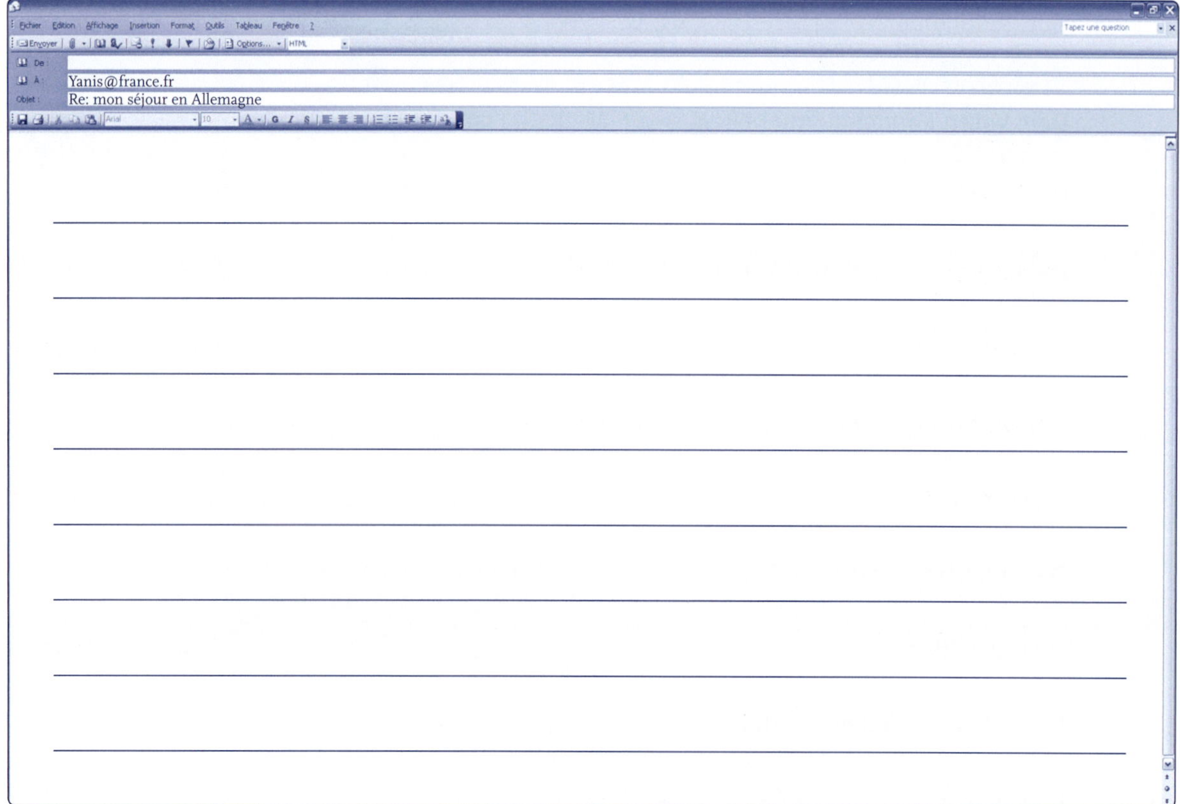

_____/ 97 P.

Compréhension orale | Hörverstehen

_____/ 26 P.
(13 x 2 P.)

1 Le séjour de Julie en Allemagne
Écoute le dialogue entre Julie et Arthur et coche les bonnes réponses.

1. Julie est revenue d'Allemagne il y a trois mois.
   a ☐ vrai   **b** ☐ faux

2. Julie trouve dommage que son séjour en Allemagne soit fini.
   a ☐ vrai   **b** ☐ faux

3. Julie est contente de son échange.
   a ☐ vrai   **b** ☐ faux

4. Qu'est-ce que Julie faisait avec sa correspondante Jana? *(Deux réponses!)*

   a ☐   **b** ☐   **c** ☐   **d** ☐

5. Quand les deux filles voulaient sortir le week-end, elles avaient des difficultés avec les parents de Jana.
   a ☐ vrai   **b** ☐ faux

6. Julie a détesté la cuisine allemande.
   a ☐ vrai   **b** ☐ faux

7. Julie préfère le petit-déjeuner typiquement français.
   a ☐ vrai   **b** ☐ faux

8. Julie allait au lycée surtout à/en …

   a ☐   **b** ☐   **c** ☐   **d** ☐

9. Julie trouvait l'ambiance au lycée allemand …
   a ☐ plus sympa qu'en France.
   b ☐ aussi sympa qu'en France.
   c ☐ moins sympa qu'en France.

10. Julie dit que les élèves allemands mangeaient …
    a ☐ pendant les cours.
    b ☐ à toutes les récrés.
    c ☐ tous les jours à la cantine.

11. Julie trouvait super qu'en cours d'histoire, les élèves …
    a ☐ aient plus de connaissances sur le monde qu'en France.
    b ☐ doivent faire moins de devoirs qu'en France.
    c ☐ discutent plus qu'en France.

12. Julie a déjà organisé son retour en Allemagne.
    a ☐ vrai   **b** ☐ faux

_____/15 P.
(10 x 1,5 P.)

2 Sur un site, des jeunes parlent de leurs expériences à l'étranger. Complète le texte de Morgane avec les mots dans l'encadré. Attention: Il y a deux mots en trop.

assis	comparaison	débrouillée	dommage	gentiment	seconde
différemment	énormément	séjour	couramment	malentendus	manière

Salut!

Moi, je suis en _______________ dans un lycée de Montpellier et j'ai fait un échange dans

une école à Heidelberg. Mon _______________ m'a beaucoup plu, mais c'est difficile de

faire une _______________ entre la vie des jeunes français et allemands.

J'étais dans la même classe que ma corres Ann-Kathrin qui m'aidait toujours quand il y avait

des _______________. Malgré mes difficultés en maths, j'ai réussi de

_______________ impressionnante et je me suis bien _______________ en SVT. En

cours, les élèves allemands travaillent _______________ qu'en France. Ils discutent avec

leurs profs. Moi aussi, j'ai parlé et j'ai fait _______________ de progrès en allemand.

Un échange, ça aide à parler _______________ une langue étrangère! Et puis Ann-Kathrin

et ses parents ont tout fait pour m'aider. Ils se sont occupés de moi très _______________.

_____/32 P.

_____/7 P.

3 Lilou et Quentin parlent de leur amie Odile qui apprend plusieurs langues. Complète le dialogue. Utilise les adverbes qui correspondent aux adjectifs dans l'encadré.

gentil	différent	bon	long	naturel	heureux	facile

Lilou: Regarde cette photo. C'était pendant mon séjour aux États-Unis. Là, c'est Odile. Elle parle très

_______________ anglais maintenant. Elle a voyagé _______________ aux États-Unis pour

réussir. Elle y est même restée six mois. Ce n'était pas trop cher parce qu'_______________, elle

a pu habiter chez son oncle et sa tante.

Quentin: Et elle t'a expliqué comment elle a fait des progrès?

Lilou: Oui, elle m'a ___________________ expliqué sa méthode. Pour comprendre plus

___________________ les gens qui parlaient anglais, elle écoutait la radio tous les jours. Odile

aime la vie aux États-Unis. Cela lui plaît que les gens vivent ___________________ dans chaque

pays. Maintenant, elle apprend l'allemand en Allemagne. Et ___________________, sa méthode

reste la même.

4 a Indicatif ou subjonctif: Quel est le bon début de phrase? Coche les bonnes réponses. ______/4 P.

1. **a** ☐ Je pense vraiment
   b ☐ Je suis sûr
   c ☐ Je trouve bizarre   … que mon correspondant français boive de l'eau gazeuse.

2. **a** ☐ C'est dommage
   b ☐ C'est vrai
   c ☐ C'est triste   … que les élèves allemands font plus de bruit en classe.

3. **a** ☐ J'ai peur
   b ☐ Je trouve
   c ☐ Je suis sûre   … que ce soit une mauvaise décision.

4. **a** ☐ Le professeur a dit
   b ☐ Le professeur m'a expliqué
   c ☐ Le professeur voudrait   … qu'on fasse attention en cours.

b Coche les bonnes réponses pour terminer chaque phrase. ______/6 P.

1. Nadine est contente …
   a ☐ qu'il y a un nouveau prof d'allemand.
   b ☐ qu'il y avait un nouveau prof d'allemand.
   c ☐ qu'il y ait un nouveau prof d'allemand.

2. Je trouve que le français …
   a ☐ est plus facile que l'allemand.
   b ☐ soit plus facile que l'allemand.
   c ☐ être plus facile que l'allemand.

3. Ma correspondante sera étonnée que les élèves allemands …
   a ☐ n'ont pas cours l'après-midi.
   b ☐ n'aient pas cours l'après-midi.
   c ☐ n'ont pas eu cours l'après-midi.

4. Il faut absolument que …
   a ☐ tu viens demain à six heures.
   b ☐ tu viendras demain à six heures.
   c ☐ tu viennes demain à six heures.

5. Je ne veux pas que l'échange …
   a ☐ soit bientôt fini.
   b ☐ sera bientôt fini.
   c ☐ est bientôt fini.

6. C'est dommage …
   a ☐ qu'on ne fait pas assez de sport à l'école.
   b ☐ qu'on ne fasse pas assez de sport à l'école.
   c ☐ qu'on ne fera pas assez de sport à l'école.

5 Tu participes au programme «Voltaire». La famille Dupuy qui va te recevoir _____/6 P.
en France t'envoie une lettre avec plusieurs informations. Dans ta réponse,
tu réagis à ces informations. Utilise le subjonctif dans chaque réponse.

Ce que la famille Dupuy t'a écrit	Comment est-ce que tu réagis?
Exemple: _Nous trouvons que tu parles très bien français._ →	Je suis fier/fière que mon niveau de français soit bon.
1. _Antoine, ton correspondant, a le même âge que toi._	
2. _Tu vas avoir une chambre pour toi._	
3. _Nous avons un chien à la maison._	
4. _Tu iras tous les jours au lycée avec Antoine._	
5. _En février, nous allons partir faire du ski._	
6. _Malheureusement, Antoine ne pourra pas venir te chercher à la gare._	

6 a Complète les phrases. Utilise les bonnes formes de _se plaindre_. _____/1,5 P.

1. Antoine _______________ (_présent_) parce qu'il a mal à la tête.

2. Léa et Alice _______________ (_passé composé_) parce que des brutes les harcelaient.

3. Paul, tu as eu une mauvaise note en histoire-géo parce que tu ne travailles pas assez. Alors ne

   _______________ (_impératif_) pas!

b Complète les phrases. Utilise les bonnes formes de *rejoindre*. /1,5 P.

I. **Lucas:** Ylian et Tom, à quelle heure est-ce que vous nous ________________ (*présent*)?

Ylian et Tom: Nous vous ________________ (*présent*) à six heures devant le cinéma.

2. **La mère:** Raphaël, je ne veux pas que tu ________________ (*subjonctif*) tes amis si,

avant, tu ne finis pas tes devoirs.

7 Greta est arrivée chez sa famille d'accueil en France. Malheureusement, elle ne comprend pas tout. Regarde le dessin. Écris ce qu'on dit et ce qu'on demande à Greta. Utilise *demander à qn de faire qc* **et** *dire à qn de faire qc*.

 /6 P.
(4 x 1,5 P.)

Exemple:
La mère dit à Greta de poser des questions quand elle ne comprend pas quelque chose.

I. Et aussi, elle ________________________________

2. Manon ________________________________

3. Le père ________________________________

4. Léonore ________________________________

_____ / 24 P.

8 Lies Katharinas Erfahrungsbericht über das Voltaire-Programm.

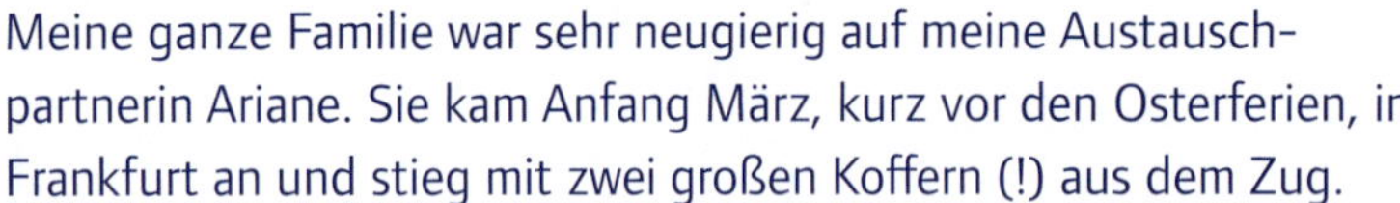

www.voltaire.com

Mit dem Voltaire-Programm nach Frankreich!

Schon immer wollte ich gerne für längere Zeit nach Frankreich, um das Leben dort besser kennenzulernen und besser Französisch sprechen zu können.

Ein Freund meines Bruders war in der 9. Klasse mit dem Voltaire-Programm in Lyon und hat mir ganz begeistert von seinen tollen Erfahrungen berichtet. So habe ich mich entschieden, auch an diesem Austausch teilzunehmen. Meine Eltern waren einverstanden!

Meine ganze Familie war sehr neugierig auf meine Austausch-partnerin Ariane. Sie kam Anfang März, kurz vor den Osterferien, in Frankfurt an und stieg mit zwei großen Koffern (!) aus dem Zug.

Wir waren uns zum Glück gleich sympathisch und hatten auch einige gemeinsame Interessen. Ariane spielt Handball wie ich, und so haben wir viel Sport zusammen gemacht. Sie hat mich regel-mäßig zum Handball-Training begleitet und wir haben großen Spaß gehabt. Wir hatten uns immer viel zu erzählen. Am Wochenende haben wir Ausflüge unternommen, manchmal auch eine kleine Reise.

Sechs Monate später war ich dann die „Deutsche" in Frankreich. Am Anfang war es nicht immer leicht für mich, ich habe nicht alles verstanden, was die Leute sagten, vor allem im Unterricht. In den ersten Wochen war ich noch ein bisschen schüchtern und habe mich nicht getraut Französisch zu sprechen. Aber Ariane und ihre Familie haben mich sehr unterstützt und nach ein paar Wochen lief es schon richtig gut.

Das Essen war sehr lecker. Besonders gut hat mir gefallen, dass es immer ein kleines Dessert gab. Interessant fand ich, dass man zum Essen immer auch Brot gegessen hat.

In der Schule fiel mir auf, dass im Unterricht anders gearbeitet wird als in Deutschland, weniger eigenständig, finde ich. Häufig redet vor allem der Lehrer und die Schüler schreiben mit.

Super finde ich, dass es in französischen Schulen ein CDI gibt, wo man Bücher ausleihen und auch im Internet recherchieren kann. Das ist ein richtig tolles Angebot und hilft auch bei der Vorbereitung von Klassenarbeiten und Präsentationen.

Der Austausch war eine sehr gute Erfahrung. Ich habe gelernt, alleine zurechtzukommen und bin selbstständiger geworden. Ich kann nur jeden ermutigen, einen Austausch zu machen.

Und mit meiner französischen Familie werde ich auf jeden Fall in Kontakt bleiben!

Katharina, 10. Klasse, Liebigschule, Frankfurt/Main

Von Quentin, deinem französischen Brieffreund, hast du folgende E-Mail bekommen:

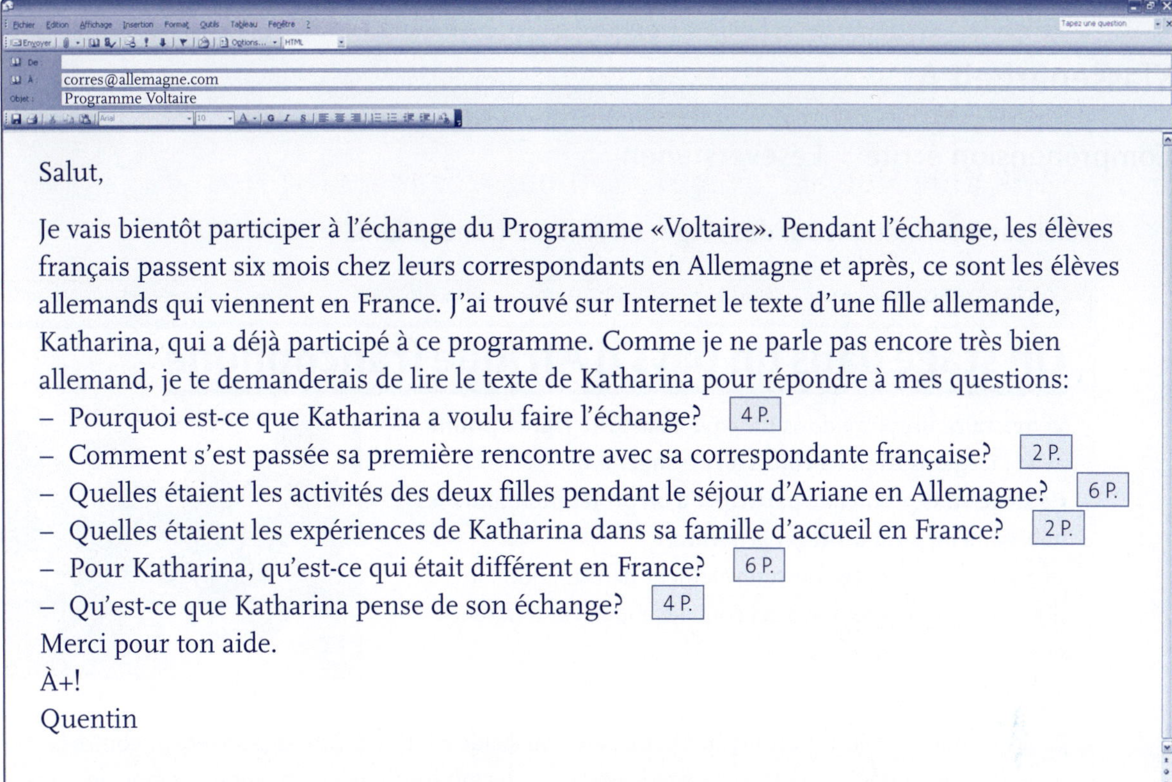

Salut,

Je vais bientôt participer à l'échange du Programme «Voltaire». Pendant l'échange, les élèves français passent six mois chez leurs correspondants en Allemagne et après, ce sont les élèves allemands qui viennent en France. J'ai trouvé sur Internet le texte d'une fille allemande, Katharina, qui a déjà participé à ce programme. Comme je ne parle pas encore très bien allemand, je te demanderais de lire le texte de Katharina pour répondre à mes questions:
– Pourquoi est-ce que Katharina a voulu faire l'échange? 4 P.
– Comment s'est passée sa première rencontre avec sa correspondante française? 2 P.
– Quelles étaient les activités des deux filles pendant le séjour d'Ariane en Allemagne? 6 P.
– Quelles étaient les expériences de Katharina dans sa famille d'accueil en France? 2 P.
– Pour Katharina, qu'est-ce qui était différent en France? 6 P.
– Qu'est-ce que Katharina pense de son échange? 4 P.
Merci pour ton aide.
À+!
Quentin

Schreibe eine E-Mail an Quentin, in der du seine Fragen beantwortest.

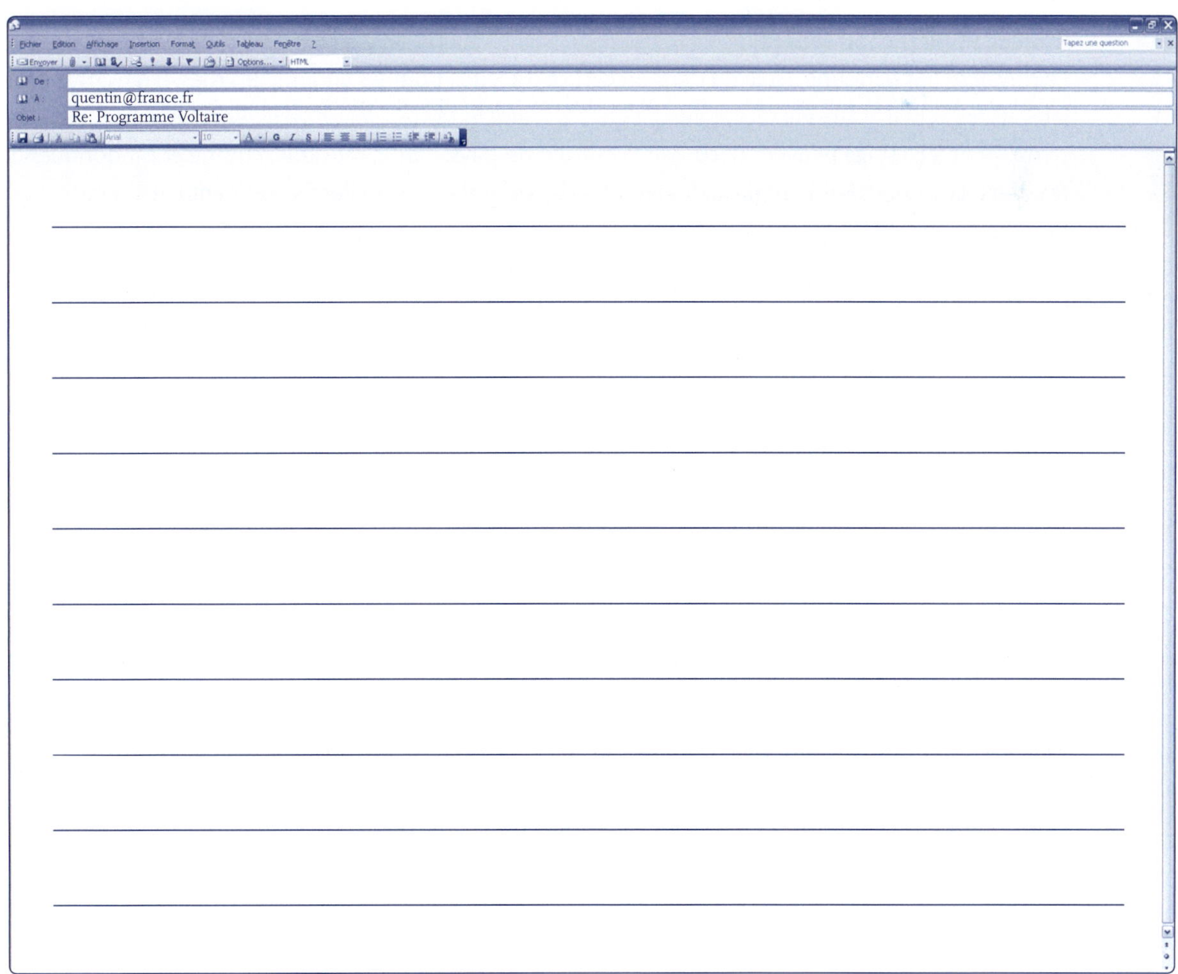

Klassenarbeit A

_____ / 74 P.

Compréhension écrite | Leseverstehen

Voici des informations sur des stages en Afrique francophone.

www.projets/Afrique francophone.fr

Un stage dans un pays d'Afrique francophone

Venez faire un stage dans un pays d'Afrique francophone avec l'Organisation « Projets à l'étranger ».
Ce stage vous permet de participer à un projet pour aider les habitants ou pour protéger la nature.
Chaque jeune s'engage personnellement dans un domaine d'activité qui correspond à ses connaissances. Les différents domaines d'activités sont:

© Shutterstock / Monkey Business Images

– Clubs sportifs au Maroc

Le sport joue un rôle important au Maroc parce qu'il aide à lutter contre la pauvreté et contre la violence. Les jeunes qui participent à ce stage dans un club sportif encouragent les enfants marocains, dont les parents sont pauvres et souvent sans travail, à faire du football ou un autre sport d'équipe. Ils s'entraînent avec eux, mais ils aident aussi les entraîneurs marocains à organiser les tournois. Le stage a lieu près de la ville de Rabat.

– Aides à l'enfance au Sénégal

Le travail se fait dans une école ou dans un centre d'accueil pour les enfants des rues. Il faut proposer des jeux et des activités aux enfants et aussi les aider à faire leurs devoirs. Le week-end, les jeunes qui participent à ce stage peuvent découvrir la culture du pays: danse, musique, cuisine et randonnées dans le désert. Les jeunes habitent dans des familles d'accueil chez lesquelles ils prennent leurs repas quotidiens.

– Stage-Nature en Côte d'Ivoire

Les jeunes aident à protéger la côte ivoirienne contre les déchets. Ils vont aussi organiser des actions pour nettoyer les plages et aider à construire des places de jeux pour les enfants au bord de la mer. Pendant leur séjour, la majorité des jeunes habitent dans l'auberge de jeunesse qui se trouve dans la ville où a lieu leur stage.

– Stage-Découverte au Cameroun

Si vous avez commencé des études de médecine – ou si vous voulez faire des études de médecine, ce stage peut vous intéresser. Vous allez suivre la vie quotidienne des médecins. Vous allez aussi aider à organiser des actions dans les écoles. Vous allez expliquer aux enfants ce qu'il faut faire pour les empêcher de devenir malades: toujours se laver les mains avant de manger, se laver les mains quand on revient des toilettes, etc.

Les stages ont lieu en juin, juillet et août. Les candidats peuvent choisir un stage qui dure deux, trois ou quatre semaines. Pendant le stage, ils ne reçoivent pas de salaire. La candidature doit se faire trois mois avant le début du stage et dans un seul pays.
Pour poser sa candidature, il faut:
● avoir entre 16 et 21 ans   ● écrire une lettre de motivation   ● envoyer un CV

1 Quel stage va avec quel jeune?

Lis le texte et coche les bonnes réponses. Attention: Il y a un stage qui correspond à deux jeunes. Il y a trois jeunes qui ne trouvent pas de stage.

_____ / 24 P.
(8 x 3 P.)

Quel stage? Qui?	Clubs sportifs au Maroc	Aides à l'enfance au Sénégal	Stage-Nature en Côte d'Ivoire	Stage-Découverte au Cameroun
André, 17 ans, va bientôt passer son bac. Il veut faire des études de médecine et cherche un stage d'été pour faire des premières expériences dans ce domaine.				
Mélanie, 23 ans, est étudiante en médecine à Reims. Elle cherche un stage au Cameroun dans une organisation pour protéger la nature.				
Laure, 20 ans, étudiante en médecine, cherche un stage pour aider des enfants à lutter contre les maladies.				
Paul, 20 ans, fait des études de médecine. Il cherche un stage pendant lequel il peut aider des enfants qui vivent dans des situations difficiles. Pendant son temps libre, il aimerait découvrir le pays d'accueil avec les autres jeunes.				
Christophe, 18 ans, veut connaître le Maghreb. Dans la ville où il habite, il va dans un club de foot. Il a déjà travaillé dans une organisation qui s'engage contre la pauvreté.				
Yves, 20 ans, cherche un stage pour un mois en été. Il veut gagner de l'argent pour payer ses études de médecine.				
Sandrine, 19 ans, aime la mer. Elle cherche un stage en Afrique qui lui permet de protéger les paysages de la côte.				
Loïc, 17 ans, veut aller en Côte d'Ivoire pour travailler dans une auberge de jeunesse. Il est sportif et aime surtout la natation et le kayak.				

Noms des jeunes qui ne trouvent pas de stage:

1. ____________________________________

2. ____________________________________

3. ____________________________________

2 a Trouve un mot de la même famille. Écris les noms avec l'article défini. ______ / 3 P.
(6 x 0,5 P.)

1. l'Afrique → _______________________

2. jeune → _______________________

3. lutter → _______________________

4. pauvre → _______________________

5. le marché → _______________________

6. l'enfant → _______________________

b Fais des phrases avec trois mots de **a**. ______ / 3 P.

____

____

____

3 Tu es bon/ne en géographie? Complète le tableau. ______ / 4 P.

Il/Elle habite …	Son pays est …	Il/Elle est …
à Berlin	l'Allemagne	allemand/e
à Abidjan		
à Dakar		
à Marrakech		
à Madrid		

4 Qu'est-ce qui va ensemble? Écris les lettres dans les cases. ______ / 5 P.

la majorité	1		A	1/3
50 %	2		B	la plupart
les trois quarts	3		C	25 %
un quart	4		D	la moitié
un tiers	5		E	75 %

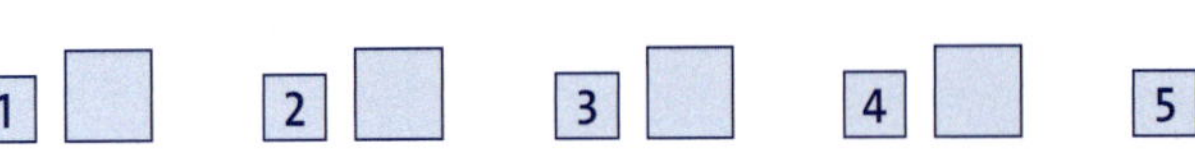

1 ☐   2 ☐   3 ☐   4 ☐   5 ☐

5 Complète le mail de Yasmine avec les verbes entre parenthèses.   _____/6 P.
Utilise le plus-que-parfait.

Salut Miriam,

Marrakech, c'est super! Hier soir, nous sommes rentrés tard parce que nous

_________________________________ (*passer*) toute la soirée dans un restaurant. Mon oncle

et ma tante _________________________________ (*venir*) aussi. J'avais très faim parce

qu'avant, je _________________________________ (*ne rien – manger*). L'après-midi,

j' _________________________________ (*visiter*) un souk avec ma mère. Après, on

_________________________________ (*se balader*) dans un parc, et on

_________________________________ (*ne pas voir*) le temps passer. Quelle journée!

Bonne nuit! Yasmine

6 Avec Bilal, ton correspondant français, tu as vu une exposition sur le Maroc.   _____/9 P.
Bilal t'explique ce que le guide a dit. Écris les phrases au discours indirect au passé.   (6 x 1,5 P.)
Utilise: *Le guide nous a dit que* / *Il nous a raconté que* / *Il nous a expliqué que*.

1. Le Maroc se trouve dans le nord de l'Afrique.
2. C'est un pays avec des paysages magnifiques.
3. En 2014, il y a eu plus de dix millions de touristes au Maroc.
4. Mais ce n'était pas un bon résultat parce qu'on avait espéré plus de touristes.
5. La plupart des touristes viennent de France.
6. Mais il y aura bientôt plus de touristes allemands et anglais au Maroc.

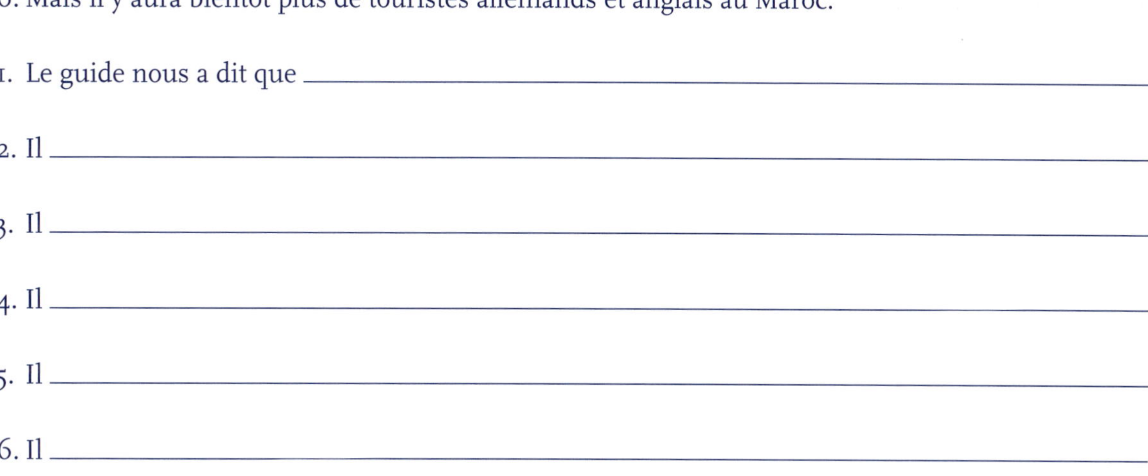

1. Le guide nous a dit que ____

2. Il ____

3. Il ____

4. Il ____

5. Il ____

6. Il ____

7 Alexane, ta correspondante française, t'a écrit un mail parce qu'elle a besoin de ton aide pour faire une présentation sur le Maroc.

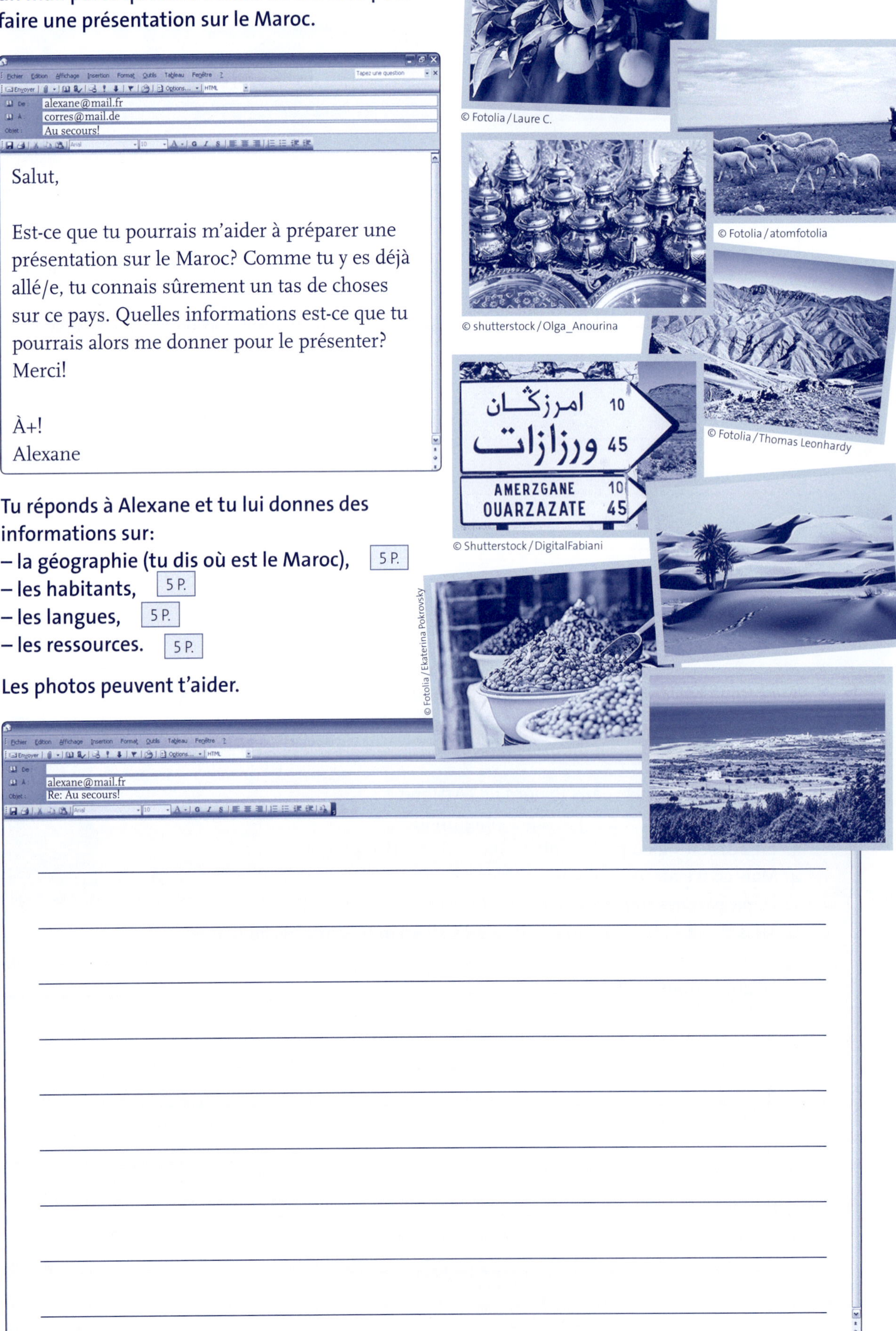

De : alexane@mail.fr
À : corres@mail.de
Objet : Au secours!

Salut,

Est-ce que tu pourrais m'aider à préparer une présentation sur le Maroc? Comme tu y es déjà allé/e, tu connais sûrement un tas de choses sur ce pays. Quelles informations est-ce que tu pourrais alors me donner pour le présenter? Merci!

À+!
Alexane

Tu réponds à Alexane et tu lui donnes des informations sur:
– la géographie (tu dis où est le Maroc), 5 P.
– les habitants, 5 P.
– les langues, 5 P.
– les ressources. 5 P.

Les photos peuvent t'aider.

© Fotolia / Laure C.

© Fotolia / atomfotolia

© shutterstock / Olga_Anourina

© Fotolia / Thomas Leonhardy

© Shutterstock / DigitalFabiani

© Fotolia / Ekaterina Pokrovsky

© Fotolia / Alexmar

© Fotolia / Kajzr-Photography.com

De :
À : alexane@mail.fr
Objet : Re: Au secours!

Klassenarbeit B

_____/85 P.

Compréhension orale | Hörverstehen

_____/30 P.
(10 x 3 P.)

1 Qui dit quoi? Écoute l'interview et coche les bonnes réponses.
Pour chaque personne, il y a deux avis. Attention: Il y a deux avis en trop.

Quoi? / Qui?	Gabriel	Sohane	Driss	Clarisse
«Dans cette ville, on ne peut pas se promener tranquillement en fin de journée.»				
«C'est une ville très vivante où on peut très bien sortir le soir.»				
«Toute la famille se retrouve autour d'un repas. On est ensemble, c'est trop cool.»				
«Marchander tout le temps, ça m'énervait.»				
«J'ai découvert un endroit très beau, pas trop loin de la ville.»				
«Les gens m'ont raconté les difficultés qui existent dans leur pays.»				
«J'y vais souvent parce que j'ai de la famille là-bas.»				
«J'ai acheté un produit typiquement africain.»				
«Mes frères et mes parents vivent dans ce pays africain.»				
«Dans cette ville, on ne trouvait pas d'endroit calme. Ça ne m'a pas plu.»				

Vocabulaire et civilisation | Wortschatz und Landeskunde

_____/19 P.

2 Lis les mots suivants et explique ce que c'est en français.

_____/5 P.

1. le poulet yassa: _______________________________

2. le tiep-bou-diene: _______________________________

3. la lutte sénégalaise: _______________________________

4. le boubou: _______________________________

5. les Lions du Sénégal: _______________________________

3   Complète le mail de Paul. Utilise les mots dans l'encadré.
     Attention: Il y a deux mots en trop.

_____ / 8 P.
(16 x 0,5 P.)

majorité	accueillir	après-demain	au lieu de	au milieu	balader
pressé	entreprise	esclaves	impressions	lutte	officielle
nationales	pauvreté	poulet	sénégalais	traditions	wolof

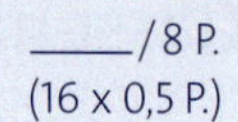

Salut Enzo,

Ça va? Moi, ça va bien.

Comme tu sais, mon père travaille pour une _____________________ qui fait des échanges

avec le Sénégal. Alors il nous a proposé de partir avec lui pour deux semaines à Dakar. Il faut

que je te raconte mes premières _____________________ de voyage.

Le Sénégal est un pays où la _____________ des habitants parlent le français. Le français

est même la langue _____________. Mais on parle aussi le _____________ ou le

peul qui sont les langues _____________.

Kofi, un ami _____________ de mon père, est venu nous _____________

à l'aéroport de Dakar. Kofi nous a parlé des _____________ de son pays, et aussi de

l'histoire des _____________.

Aujourd'hui, la _____________ existe toujours au Sénégal. Beaucoup de Sénégalais

veulent partir en Europe pour avoir une vie meilleure. Mais Kofi trouve que les Sénégalais

devraient se battre pour le Sénégal _____________ partir à l'étranger.

Aujourd'hui, nous allons nous _____________ et visiter la Médina. Demain, nous allons

manger chez Kofi qui veut nous préparer un _____________ yassa avec du riz. Et

_____________, nous allons voir un tournoi de _____________ sénégalaise.

Ici, tout le monde adore ce sport. Je te raconterai tout dans mon prochain mail.

À+!

Paul

4 Regarde les chiffres sur le Maroc. Fais des phrases avec des quantifiants et des fractions.

____/ 6 P.
(4 x 1,5 P.)

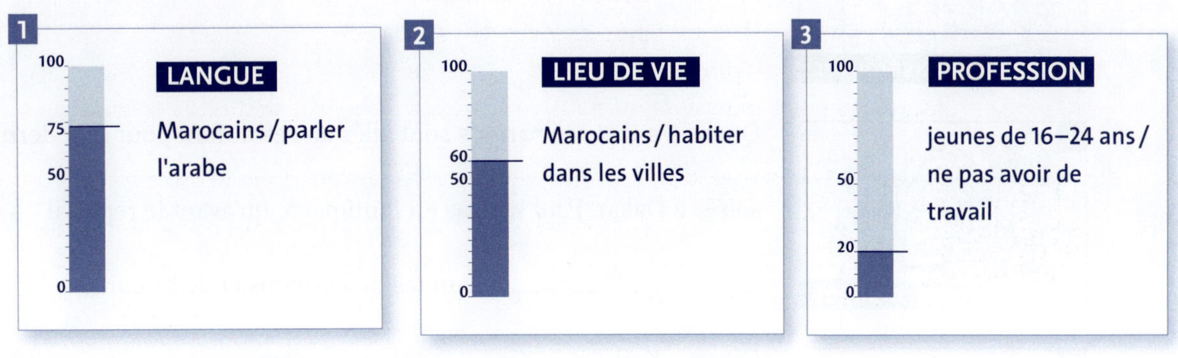

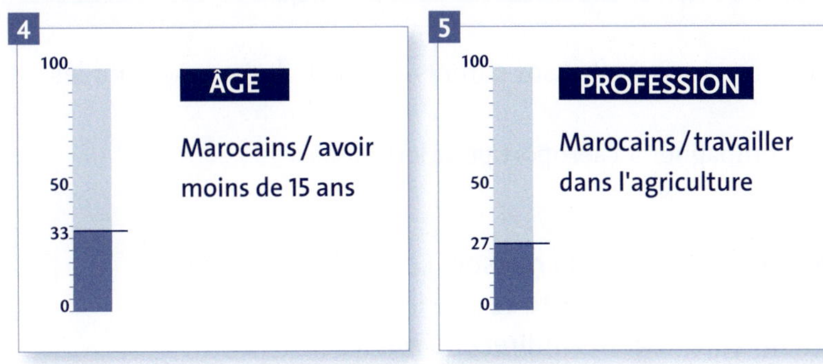

D'après: www.statistiques-mondiales.com

1. <u>Les trois quarts</u> des Marocains parlent l'arabe. ___________

2. ___________

3. ___________

4. ___________

5. ___________

Grammaire | Grammatik

____/ 14 P.

5 Paul et ses parents sont au Sénégal. Regarde les dessins et complète les phrases. Utilise le plus-que-parfait.

____/ 5 P.

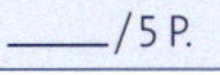

À l'aéroport, Paul et ses parents n'ont pas pris de taxi parce que Kofi, l'ami de son père, ___________ pour les accueillir.

Paul et sa mère voulaient passer la journée en ville. Mais ils n'y sont pas restés longtemps parce qu'il ___________ trop chaud.

3 ne pas trouver

Paul devait retrouver son père à la Médina, mais il est rentré à l'hôtel

parce qu'il _________________________________ son chemin.

4 manger

Quand Paul et ses parents sont allés au restaurant pour leur dernière

soirée à Dakar, Paul n'a pas eu faim parce qu'avant le repas, il

_________________________ un tas de bonbons et de biscuits.

5 dire

Comme Kofi _________________________ déjà _________________________

«au revoir» à Paul et ses parents à l'hôtel, il n'est pas venu les

accompagner à l'aéroport pour leur départ.

6 Louis et sa petite sœur Charlotte sont seuls à la maison. Leur mère les appelle, et Louis répond. Après, Louis explique à Charlotte ce que leur mère a dit. Utilise les verbes dans l'encadré et le discours indirect au passé.

_____ / 9 P.
(6 x 1,5 P.)

| dire | expliquer | proposer | promettre |

1. **La mère:** Ce soir, je dois travailler tard au bureau.

   Louis: Maman a dit que ce soir, _________________________________

2. **La mère:** Mais nous irons demain ensemble à la piscine.

   Louis: Elle _________________________________

   ____

3. **La mère:** Cet après-midi, vous pourriez aller voir un film au cinéma.

   Louis: Elle _________________________________

4. **La mère:** Avant d'aller au cinéma, vous devriez manger quelque chose.

   Louis: Elle _________________________________

5. **La mère:** Hier, je vous ai préparé quelque chose.

   Louis: Elle _________________________________

6. **La mère:** Dans le frigo[1], il y a du poulet avec des légumes.

   Louis: Elle _________________________________

1 **le frigo** der Kühlschrank

7 Hier findest du eine Website mit Informationen über einen Freiwilligendienst in Marokko.

www.Freiwilligendienst / Marokko.com

Freiwilligendienst in Marokko
Betreuung von Kindern und Jugendlichen

Als Teilnehmer/in an diesem Programm betreust du Kinder und Jugendliche. Es handelt sich um Kinder, deren Mütter sich nicht um sie kümmern können. Oder auch um Kinder und Jugendliche aus ärmeren Familien, die keine Möglichkeit haben, ihren Kindern eine gute Ausbildung zu geben.

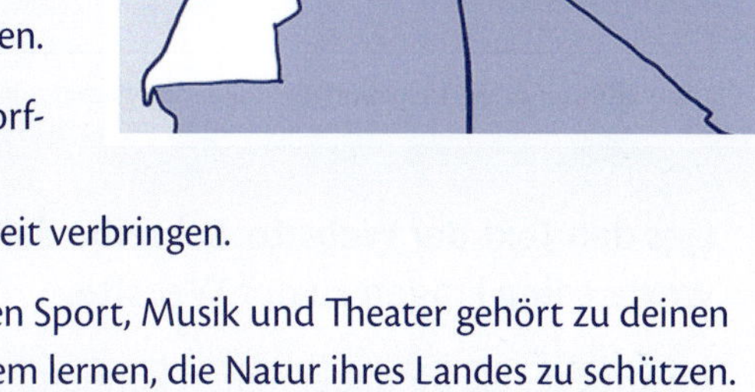

Als Freiwillige/r kannst du auswählen, mit welcher Altersgruppe du gerne arbeiten möchtest. Wenn du dich entscheidest, kleine Kinder von 0 bis 4 Jahren zu betreuen, besteht deine Tätigkeit z. B. darin, sie zu waschen, anzuziehen, mit ihnen zu essen, zu spielen oder zu malen.

Du kannst aber auch in einer französischsprachigen Dorfschule arbeiten, dort die Lehrer unterstützen, den Schülern bei den Hausaufgaben helfen, mit ihnen Freizeit verbringen.

Auch die Organisation von Aktivitäten in den Bereichen Sport, Musik und Theater gehört zu deinen Aufgaben. Die Kinder und Jugendlichen sollen außerdem lernen, die Natur ihres Landes zu schützen. Dafür brauchen sie die Unterstützung der freiwilligen Helfer.

Eine fünftägige Einführung vor Ort bereitet dich auf deine Arbeit in der Kinderbetreuung vor. Hier erhältst du auch wichtige Informationen über das Leben und die Gewohnheiten in Marokko.

Während deines Aufenthaltes hast du einen marokkanischen Betreuer, an den du dich mit allen Fragen wenden kannst.

Du kannst vor deiner Abreise Kontakt mit ehemaligen Teilnehmern/-innen des Programms aufnehmen, um dir von ihren Erfahrungen berichten zu lassen.

Wichtige Infos auf einen Blick

Mindestalter: 18 Jahre (**ab 16** mit schriftlicher Einverständniserklärung der Eltern)

Einsatzdauer: 1 Monat bis 12 Monate

Einsatzorte: Tanger und die Region von Chefchaouen

Beginn: Jederzeit möglich

Sprachen: Französischgrundkenntnisse. Vor Ort können Sprachkurse in Französisch und Arabisch besucht werden.

Unterkunft: In Tanger: Zimmer in einer Wohngemeinschaft. In Chefchaouen: in Gastfamilien

Verpflegung: In der Wohngemeinschaft in Tanger: Selbstverpflegung

Preis: 1 Monat 835 € | 3 Monate 1780 €

Der Preis beinhaltet nicht die Reisekosten!

© Shutterstock / cdrin

Von deinem 17-jährigen französischen Brieffreund bekommst du folgende E-Mail:

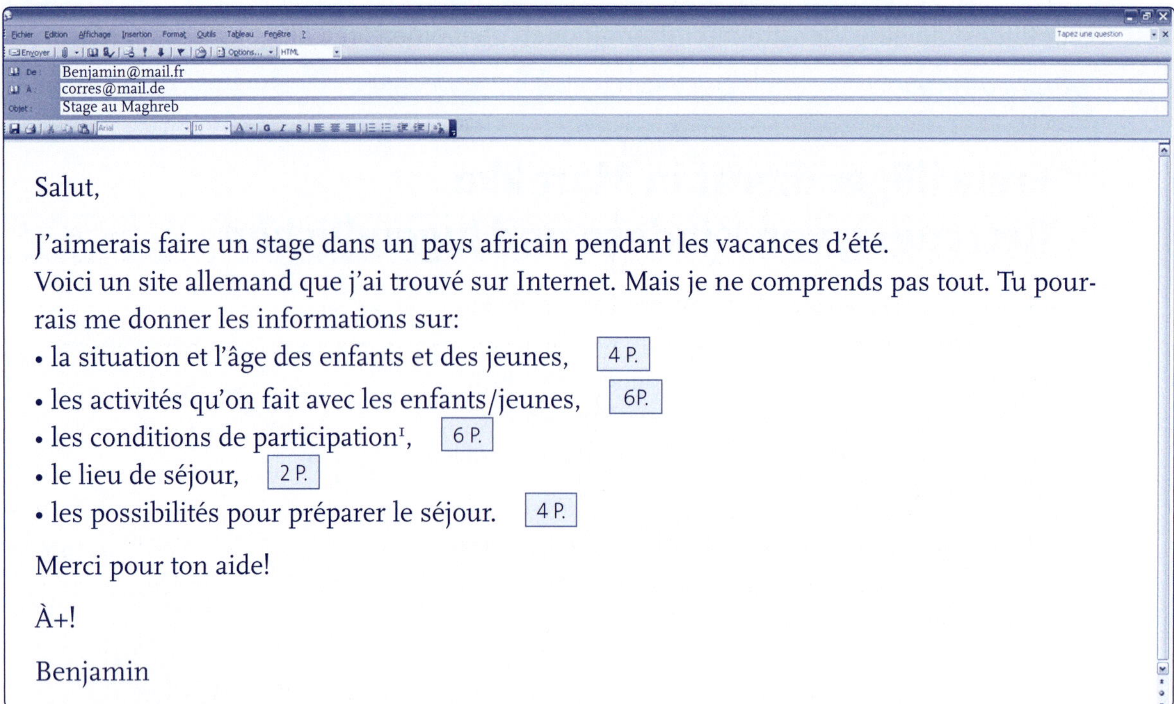

Salut,

J'aimerais faire un stage dans un pays africain pendant les vacances d'été.
Voici un site allemand que j'ai trouvé sur Internet. Mais je ne comprends pas tout. Tu pourrais me donner les informations sur:
- la situation et l'âge des enfants et des jeunes, 4 P.
- les activités qu'on fait avec les enfants/jeunes, 6P.
- les conditions de participation[1], 6 P.
- le lieu de séjour, 2 P.
- les possibilités pour préparer le séjour. 4 P.

Merci pour ton aide!

À+!

Benjamin

1 **la condition de participation** die Teilnahmebedingung

Lies den Text der Website. Schreibe deinem französischen Brieffreund eine E-Mail und beantworte seine Fragen zu der Website.

Ausdrücke, die dir dabei helfen können:

le volontariat der Freiwilligendienst
faire du volontariat Freiwilligenarbeit leisten
le/la volontaire der/die Freiwillige

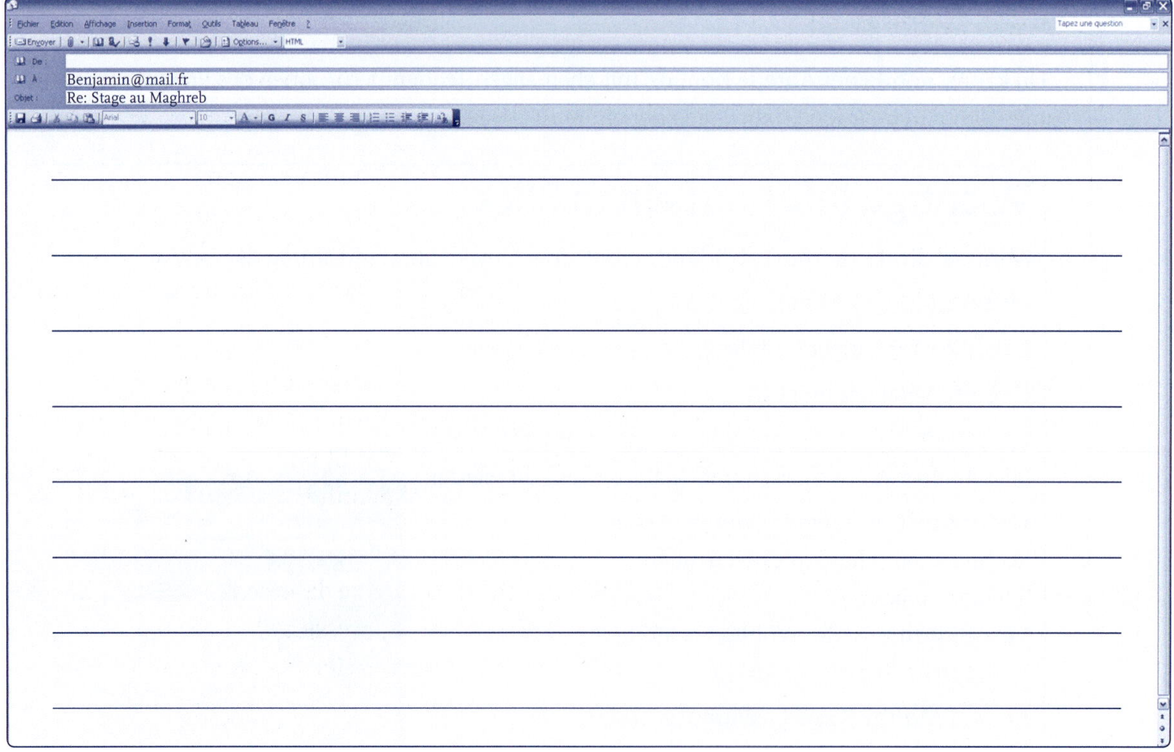

Compréhension écrite | Leseverstehen

Voici un article sur le dernier film de Rudi Rosenberg.

« Le nouveau » de Rudi Rosenberg (film français 2015)

SYNOPSIS

Benoît, 13 ans, est nouveau dans un collège parisien. Il voudrait devenir le copain de Charles et de son groupe. Pourquoi? Parce que Charles et ses amis, ce sont les garçons les plus cool de la classe! Malheureusement, Charles et ses amis n'acceptent pas Benoît et se moquent de lui. Les seuls élèves qui parlent à Benoît sont Joshua, qui est un peu gros et dont l'humour est plutôt nul, ou alors Constantin, qui est le meilleur élève de la classe. Pour Benoît, c'est un peu honteux – au début …

Benoît parle de ses problèmes à son oncle qui lui propose alors d'organiser une fête avec tous les élèves de sa classe. Benoît les invite, mais seulement trois élèves vont venir …

CRITIQUE DU FILM

Dans son film « Le nouveau », le réalisateur Rudi Rosenberg montre le quotidien d'élèves de quatrième[1] au collège. Ce sont des situations à la fois drôles et réalistes.

Pour Rosenberg, la classe de quatrième est l'année la plus importante au collège parce que vers l'âge de 13 ans, les jeunes commencent à être plus indépendants, à faire des fêtes sans les parents, et à faire leurs premières expériences amoureuses.

Les jeunes acteurs du film « Le nouveau » jouent très bien. Avec eux, Rudi Rosenberg a réussi à rendre son film authentique et à toucher les spectateurs. C'est vraiment une comédie vivante et pleine d'humour!

VOS COMMENTAIRES

AccroAuCiné – À mon avis, c'est un film amusant et bien construit. L'histoire de Benoît est réaliste. Et même si c'est parfois un peu triste, il y a souvent des bonnes blagues. Moi, j'ai beaucoup rigolé, c'est sûr. Allez donc voir ce film avec vos copains, et vos parents aussi!

Lou2000 – Pendant la première demi-heure, j'ai trouvé le film un peu long et pas vraiment passionnant. Et puis tout change. Benoît crée son groupe de copains avec des personnalités touchantes qui sont beaucoup plus sympa que dans le groupe de Charles. Les jeunes acteurs sont super authentiques. Ils devraient recevoir un prix!!! Et l'acteur qui joue le rôle de l'oncle sympa n'est pas mal non plus. Le film m'a vraiment plu.

Anonyme – Eh bien, ce film est plutôt nul, à mon avis. Les personnalités des jeunes sont exagérées: le gros qui est un peu bête, le meilleur de la classe qui n'arrête pas de suivre les autres parce qu'il est trop seul … Ce n'est pas du tout réaliste! Et puis on ne voit pas de profs dans ce collège! C'est bizarre, non? Moi, je n'ai pas pu m'identifier aux personnages du film. J'aurais préféré qu'il y ait moins de clichés.

Héloïse – Oui, bof! Ce n'était pas mal. Mais ce qui me dérange dans ce film, c'est le harcèlement au collège contre lequel les profs ne réagissent pas. Ça ressemble à des histoires qui se sont passées dans mon collège. J'aurais préféré des profs qui s'engagent plus. Ça aurait été un bon exemple!

---

1 la quatrième vorletzte Klasse des *collège*, entspricht etwa der 8. Klasse in Deutschland

a Qu'est-ce que tu as appris sur l'action du film?   _____ / 6 P.
(3 x 2 P.)

1. Benoît ...
   a ☐ est l'élève le plus jeune dans sa classe.
   b ☐ se moque d'un nouvel élève dans son collège.
   c ☐ cherche des copains dans sa classe.

2. Le problème de Benoît, c'est qu'il veut être ...
   a ☐ le meilleur élève de la classe.
   b ☐ le garçon le plus cool de sa classe.
   c ☐ l'ami de Charles qui ne l'accepte pas.

3. Benoît parle à son oncle ...
   a ☐ qui a l'idée d'organiser une fête.
   b ☐ parce qu'il veut l'inviter à sa fête.
   c ☐ pour lui demander d'organiser une fête.

b Que dit la critique du film?   _____ / 6 P.
(3 x 2 P.)

1. Quand on voit ce film,
   a ☐ on rit.   **b** ☐ on pleure.   **c** ☐ on s'ennuie.

2. Le réalisateur veut montrer ...
   a ☐ que peu de jeunes vivent la même expérience que Benoît.
   b ☐ qu'après cette expérience, Benoît est devenu plus indépendant.
   c ☐ que l'âge de Benoît est un moment-clé dans la vie d'un jeune.

3. En résumé, la critique du film est ...
   a ☐ ☺   **b** ☐ ☹   **c** ☐ ☹

c Que pensent les personnes qui ont vu le film?   _____ / 16 P.
Écris le nom des personnes. Chaque personne donne deux avis.   (8 x 2 P.)

AccroAuCiné   Lou2000   Anonyme   Héloïse

1. «À mon avis, le film et ses personnages ne correspondent pas à la réalité.» ______________________

2. «Ce film est vraiment drôle.» ______________________

3. «Les acteurs jouent bien, surtout les jeunes acteurs.» ______________________

4. «Je proposerais à tout le monde de voir ce film.» ______________________

5. «À la fin, le film est mieux que ce qu'on croyait au début.» ______________________

6. «Dans ce film, je retrouve des situations qui ont eu lieu dans mon collège.» ______________________

7. «C'est dommage qu'il y ait autant de clichés.» ______________________

8. «J'aurais voulu que les profs dans ce film soient un modèle.» ______________________

_____/ 24 P.

2 a Trouve un mot ou une expression qui veut dire la même chose.
Écris les noms avec l'article défini.

_____/ 7 P.

1. encourager = _____________________________

2. particulièrement = _____________________________

3. en même temps = _____________________________

4. la vie de tous les jours = _____________________________

5. le moment le plus important = _____________________________

6. animé = _____________________________

7. violent/e = _____________________________

b Tu as trouvé des mots ou des expressions dans **a**.
Utilise-les pour compléter le texte.

_____/ 7 P.

À la fin de la troisième, je suis allé chez le conseiller d'orientation pour lui parler _____________

de mes résultats au collège et de mes projets d'avenir.

Au début de la troisième, je n'étais pas un bon élève, _____________ en maths. Mais un jour,

une nouvelle prof de maths est arrivée. Avec elle, les cours sont devenus intéressants et plus

_____________. Elle voulait toujours nous _____________. Son arrivée dans le collège

a été un _____________ pour moi, et j'ai appris à aimer les maths.

Aujourd'hui, je vais au lycée. Là, tout se passe bien. Il n'y a pas de problème de violence. Personne

n'est _____________, et la plupart des élèves sont sympa. C'est vraiment une bonne chose.

Alors je trouve le _____________ au lycée pas mal, même si j'ai énormément de cours et de

devoirs.

3 Quel mot ne va pas avec les autres? Souligne-le et justifie ton choix en allemand. _____/4 P.

1. spectateur – réalisatrice – délégué – acteur

Justification: ____

2. gros plan – plan de ville – arrière-plan – premier plan

Justification: ____

3. synopsis – critique – dialogue – commentaires

Justification: ____

4. insolent – violent – agressif – touchant

Justification: ____

4 Dans un forum sur Internet, Jérôme lit un article sur le film «Les profs».
Complète avec les mots dans l'encadré. Attention: Il y a deux mots en trop. _____/6 P. (12 × 0,5 P.)

acteurs	adaptation	ancien	complètement	critique	début	goût
reprocher	motiver	pire	réussissent	réalisateur	scénario	spectateurs

○ ○ ○
◄ ► + www.Au cinéclub.com

Synopsis: Dans un style _________________ différent du film «Entre les murs», le film

«Les profs» parle aussi du collège. C'est l'_________________ de la B. D. du même nom.

Le _________________ a créé un film très drôle.

Dans un lycée, seulement 12 % des élèves _________________ le baccalauréat. C'est

donc le _________________ lycée de France.

Alors le principal engage des professeurs nuls parce qu'ils peuvent peut-être

_________________ les élèves.

Notre _________________ **du film:** C'est un film pour rigoler du _________________

jusqu'à la fin. Des bonnes idées, de la bonne musique, un bon _________________.

Les _________________ jouent très bien. Les _________________ qui ont aimé le

film vont peut-être aussi lire la B. D. Mais pour les autres, c'est moins sûr, parce que ce film

n'est sûrement pas le _________________ de tout le monde.

_____/14 P.

5 **a** Les amis de ta sœur sont allés au cinéma. Et tes amis, qu'est-ce qu'ils auraient fait à leur place? Utilise le conditionnel passé et commence par *À sa place*.

_____/4 P.

1. Manon a payé 20 euros pour son ticket de cinéma. / (Julien / ne pas *dépenser* 20 euros pour un ticket de cinéma)

   À sa place, Julien n' ______________________________

2. Yann a parlé tout le temps pendant le film. / (Mara et Emma / *sortir* du cinéma)

   ____

3. François a dormi pendant tout le film parce qu'il s'ennuyait. / (Yacine/ *dormir* aussi)

   ____

4. Julie est restée à la maison parce qu'elle ne voulait pas aller au cinéma avec les autres. / (Noah et Pauline / *aller* quand même au cinéma)

   ____

b Et toi? Qu'est-ce que tu aurais fait à la place des élèves? Utilise le conditionnel passé.

_____/10 P.
(5 x 2 P.)

1. Les élèves ne s'intéressaient pas à ce que leur prof disait.

   À leur place, je ______________________________

2. Léo n'a pas assez travaillé pour son interro.

   ____

3. Lucie et Sébastien se sont disputés pendant la récréation.

   ____

4. Rachel a décidé de faire des études de médecine même si elle n'aime pas les maths.

   ____

5. Franck et Raphaël ont joué au foot au lieu d'aller en cours.

   ____

   ____

6 Auf dieser Webseite findest du Kommentare zum Film „Die Kinder des Monsieur Mathieu".

Die Kinder des Monsieur Mathieu

Das ist wirklich ein toller Film! Er nimmt die Zuschauer mit in das Frankreich nach dem Krieg. Das finde ich sehr interessant, denn diese Zeit unterscheidet sich sehr von unserer. Der Alltag der Schüler in diesem Internat ist wirklich hart, die meisten Lehrer und der Direktor sind superstreng und haben wenig Verständnis für die Jungen. Wir können uns diese Situation heute nur schwer vorstellen.

Monsieur Mathieu, der als neue Aufsichtsperson in die Schule kommt, schafft es, die Schüler für eine gemeinsame Sache zu interessieren. Er schlägt den Jungen vor, einen Chor zu gründen und zu singen. So wird er eine ganz wichtige Person für sie, der sie vertrauen. Das finde ich sehr berührend. Diesen Film sollte man sich unbedingt ansehen!
Linnea, 17 Jahre

Erst habe ich mich gefragt, warum der deutsche Titel dieses Films anders ist als der französische Originaltitel. Aber eigentlich finde ich den deutschen Titel besser, er sagt viel mehr über das Verhältnis von Monsieur Mathieu und den Jungen aus, für die er ja wirklich ein bisschen wie ein Vater geworden ist. Ich bin zwar schon älter als die Jungen im Internat, konnte mich mit ihnen aber sehr gut identifizieren. So einen Lehrer wie Monsieur Mathieu hätte ich auch gern!
Jacob, 16 Jahre

Ich habe den Film schon zweimal gesehen! Besonders gut gefällt mir die Musik.
Der Film macht deutlich, welche Kraft die Musik hat. Als Pierre zum ersten Mal singt, fängt man fast an zu weinen. Der Film hat mich motiviert: Ich spiele jetzt wieder öfter Klavier und spiele auch Musik aus dem Film. Am liebsten mag ich das Lied „Vois sur ton chemin".
Johanne, 15 Jahre

Insgesamt hat mir der Film ganz gut gefallen. Auch das offene Ende: So kann man sich selber ausmalen, wie die Geschichte weitergehen könnte. Manchmal waren es mir allerdings ein bisschen zu viele Klischees und Emotionen.
Die Schauspieler haben alle sehr gut gespielt, obwohl die meisten von ihnen Laien sind. Am besten fand ich den Jungen, der Pierre gespielt hat, aber auch der kleine Pépinot und natürlich Monsieur Mathieu haben mir gefallen!
Philipp, 15 Jahre

Élodie, deinie französische Austauschpartnerin, hat dir folgende E-Mail geschickt:

De : corres@allemagne.de
À :
Objet : les choristes

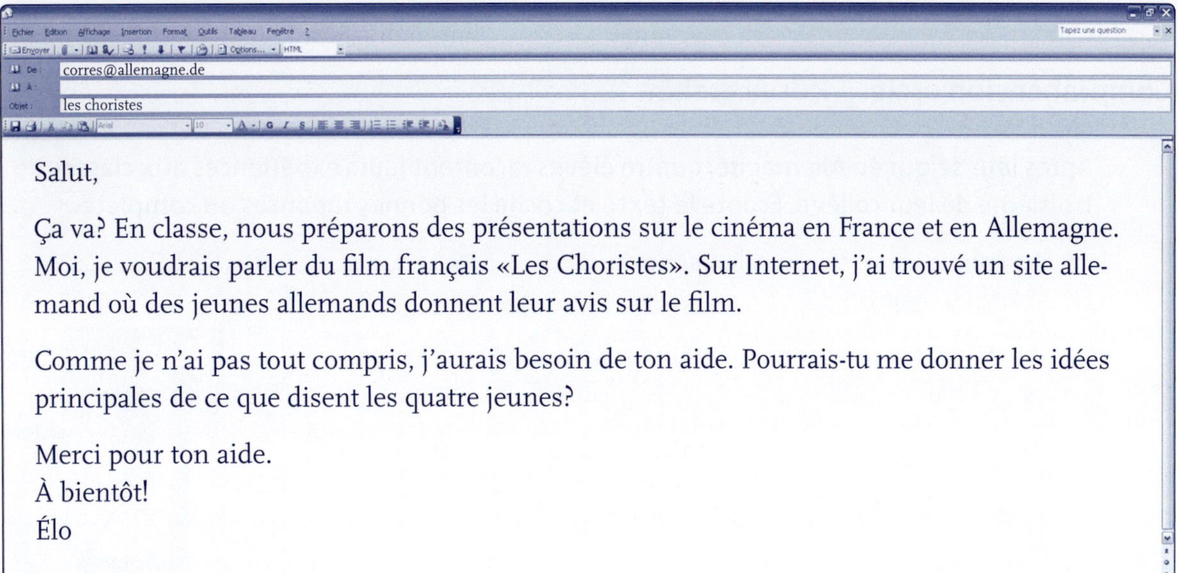

Salut,

Ça va? En classe, nous préparons des présentations sur le cinéma en France et en Allemagne. Moi, je voudrais parler du film français «Les Choristes». Sur Internet, j'ai trouvé un site allemand où des jeunes allemands donnent leur avis sur le film.

Comme je n'ai pas tout compris, j'aurais besoin de ton aide. Pourrais-tu me donner les idées principales de ce que disent les quatre jeunes?

Merci pour ton aide.
À bientôt!
Élo

Lies die Kommentare der Jugendlichen. Schreibe dann eine E-Mail an Élodie, in der du die wichtigsten Aussagen der Jugendlichen erklärst.

De :
À : élodie@france.fr
Objet : Re: les choristes

Salut Élodie,

Merci pour ton message. Bien sûr, je vais t'aider à préparer ta présentation. Voilà ce que les quatre jeunes allemands pensent du film «Die Kinder des Monsieur Mathieu».

Linnea ____

____ 5 P.

Jacob ____

____ 5 P.

Johanne ____

____ 5 P.

Philipp ____

____

____ 5 P.

J'espère que j'ai pu t'aider. Bonne chance pour ta présentation!
À bientôt!

Compréhension orale | Hörverstehen

_____/28 P.
(14 x 2 P.)

1 Après leur séjour en Allemagne, quatre élèves racontent leurs expériences aux classes de troisième de leur collège. Écoute le texte et coche les bonnes réponses ou complète.

1. Joséphine est restée en Allemagne de _________________ à _________________. (*Note les mois.*)

2. Au début, les parents de Joséphine étaient contre l'échange.
   a ☐ vrai   **b** ☐ faux

3. Les grands-parents de Joséphine s'inquiétaient parce que leur petite-fille allait partir en Allemagne.
   a ☐ vrai   **b** ☐ faux

4. Après quelques semaines, Joséphine avait fait des progrès en allemand.
   a ☐ vrai   **b** ☐ faux

5. Comment est-ce que Joséphine a trouvé son échange?
   a ☐ ☺
   b ☐ ☹
   c ☐ ☹

6. Avant de partir en Allemagne, Selim avait déjà des bonnes connaissances d'allemand.
   a ☐ vrai   **b** ☐ faux

7. Selim est parti avec le programme «Voltaire».
   a ☐ vrai   **b** ☐ faux

8. Selim a habité dans une famille qui détestait la France.
   a ☐ vrai   **b** ☐ faux

9. Selim a appris beaucoup de choses sur l'Histoire entre les deux pays.
   a ☐ vrai   **b** ☐ faux

10. Pour Selim, son séjour en Allemagne a été une expérience positive.
    a ☐ vrai   **b** ☐ faux

11. Émilie est partie à Düsseldorf avec le programme «Brigitte Sauzay».
    a ☐ vrai   **b** ☐ faux

12. Après son séjour, Émilie voudrait savoir plus de choses sur l'Allemagne.
    a ☐ vrai   **b** ☐ faux

13. Le grand-père de la famille d'accueil de Thibaut a vécu la Seconde Guerre mondiale.
    a ☐ vrai   **b** ☐ faux

14. Le grand-père de Thibaut était très content que son petit-fils s'intéresse à la langue allemande.
    a ☐ vrai   **b** ☐ faux

© Shutterstock / lightpoet

2 Trouve les mots qui manquent et complète la grille. ____/9 P.

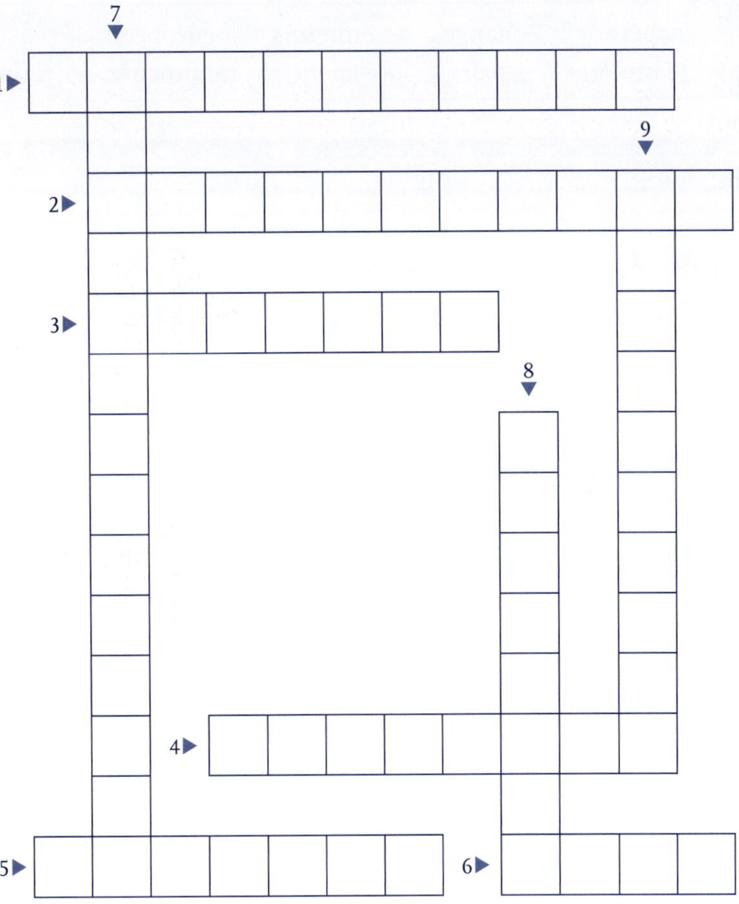

Horizontal:
- En 1685, la révocation de l'Édit de Nantes interdit aux **1** de pratiquer leur religion.
- En 2013, le président français et la **2** allemande fêtent les 50 ans de l'amitié franco-allemande.
- Konrad Adenauer a été en prison parce qu'il avait lutté contre le **3** .
- La Première Guerre **4** a fait plus de trois millions de morts.
- Longtemps, l'Allemagne a été l' **5** de la France.
- Les huguenots ne restent pas en France, ils partent en **6** en Prusse.

Vertical:
- Après plusieurs guerres, une **7** entre la France et l'Allemagne semblait impossible.
- Pour encourager les échanges entre ces deux villes, il existe un **8** entre Hambourg et Marseille.
- Charles de Gaulle a organisé la **9** contre l'Allemagne nazie.

3 Tu écris un mail à Henri, ton correspondant français, dans lequel tu parles de ce que tu as appris en cours de français. Complète le texte avec les mots dans l'encadré. Attention: Il y a deux mots en trop.   _____ /10 P.

connaissance	coopérer	échanges	ennemis	européens
expériences	guerres	Lumières	paix	président	rapprocher	traité

Salut,

En ce moment, nous parlons de l'Histoire franco-allemande en cours. Tu savais qu'au siècle des ______________________, Voltaire, le philosophe français, avait habité chez Frédéric II, le roi de Prusse, à Potsdam? Malheureusement, l'amitié entre la France et l'Allemagne n'a pas duré. Les deux pays sont devenus des ______________________. Il y a alors eu plusieurs ______________________ entre la France et l'Allemagne.

Mais après 1945, les hommes politiques des deux pays veulent ______________________ les citoyens allemands et français. Alors en 1963, Charles de Gaulle, le ______________________ français, et Konrad Adenauer, le chancelier allemand, signent le ______________________ de l'Élysée dans lequel les deux pays déclarent qu'ils veulent ______________________ dans plusieurs domaines.

Quelques mois après, la France et l'Allemagne créent l'Office franco-allemand pour la jeunesse. Beaucoup de jeunes Allemands partent faire la ______________________ de jeunes Français, et des ______________________ entre des villes françaises et allemandes se développent. Je trouve que l'amitié franco-allemande est très importante pour la ______________________ en Europe.

Et dans ta classe, vous parlez aussi de l'Histoire de nos deux pays?

Réponds-moi vite.

À+!

_____ / 20 P.

4 a Lis le texte et souligne les verbes au passé simple.

_____ / 5 P.
(10 x 0,5 P.)

L'amitié franco-allemande

Le 22 janvier 1963, le général de Gaulle et le chancelier Konrad
Adenauer <u>signèrent</u> le traité de l'Élysée, qui fut le vrai début de la
réconciliation entre la France et l'Allemagne.

En 1970, le président Georges Pompidou voyagea en Allemagne. Le
26 novembre 1973, le chancelier Willy Brandt fit une visite à Paris.

En juin 1974, le président français Valéry Giscard d'Estaing et le
chancelier allemand Helmut Schmidt finirent une rencontre franco-
allemande avec une longue balade dans les rues de Paris. Les deux
hommes devinrent amis et ils s'engagèrent personnellement pour la
construction européenne.

Quelques années plus tard, le président français François Mitterrand et le chancelier allemand
Helmut Kohl se retrouvèrent à Verdun, là où les soldats français et allemands s'étaient battus pendant la Première Guerre mondiale. Les deux hommes voulurent montrer leur amitié et ils se prirent
la main. Cette image devint un symbole fort de l'amitié franco-allemande.

Le palais de l'Élysée

© Shutterstock / Netfalls – Remy Musser

b Note les verbes de **a** dans le tableau et complète d'après l'exemple.

_____ / 15 P.
(10 x 1,5 P.)

Le verbe au passé simple	Le verbe au passé composé	Traduction de l'infinitif en allemand
signèrent	ont signé	unterschreiben

5 Deine französische Brieffreundin will sich für das Voltaire-Programm bewerben. Im Internet hat sie den Erfahrungsbericht von Franziska, einer deutschen Schülerin, gefunden, die an diesem Austauschprogramm teilgenommen hat.

www.Voltaire/Erfahrungsbericht.com

Mit dem Voltaire-Programm sechs Monate nach Frankreich

Anfang September war es endlich soweit: Für die nächsten sechs Monate würde ich bei einer Gastfamilie in Frankreich leben. Ich war froh, dass meine Eltern mich hinfuhren, denn ich kannte meine Austauschpartnerin nur durch ein paar Mailkontakte. Ehrlich gesagt, hatte ich ein bisschen Angst. Gleichzeitig war ich sehr neugierig darauf, meine französische Familie kennenzulernen.

© Fotolia / Stéphane Parisi

Es ist schon beeindruckend: Meine Großeltern haben noch den Zweiten Weltkrieg erlebt, als Frankreich und Deutschland Feinde waren, und heute, 70 Jahre später, gibt es so viele deutsch-französische Städtepartnerschaften und Austauschprogramme.

Nach acht Stunden Autofahrt erreichten wir endlich die Kleinstadt in der Nähe von Bordeaux, wo meine Austauschpartnerin Odile wohnt. Ihre ganze Familie erwartete uns schon. Sie staunten sehr, als sie das viele Gepäck sahen. Sogar mein Fahrrad hatte ich mitgenommen.

Der Abschied von meinen Eltern fiel mir sehr schwer. Gleichzeitig aber freute ich mich auf das Abenteuer, sechs Monate in einem anderen Land und einer anderen Familie zu verbringen. Die ersten Wochen waren sehr anstrengend, denn alles war neu: die Schule, die Lehrer und die Freundinnen und Freunde meiner Austauschpartnerin, das Essen …

Die Schule von Odile, ein collège, war sehr modern und alle Lehrer waren sehr nett. In den Deutschstunden war ich der „Star": Ich musste Texte vorlesen, den Lehrer unterstützen und viel über Deutschland erzählen.

Odile und ich sind oft mit dem Bus nach Bordeaux gefahren, um zu shoppen oder ins Kino oder ins Museum zu gehen. Außerdem habe ich den Atlantik für mich entdeckt. Er ist mein absolutes Lieblingsmeer! Sowohl mit meiner Gastfamilie als auch mit der Klasse habe ich viele Ausflüge ans Meer gemacht. Die Küste dort ist superschön, der Sand ist sehr fein und es gibt manchmal riesige Wellen. Für Leute, die gerne surfen, ist es der ideale Ort.

Nach ein paar Wochen konnte ich schon ganz gut Französisch sprechen und auch verstehen.

Trotz einiger Schwierigkeiten – meine Eltern und meine Freundinnen und Freunde fehlten mir sehr – war mein Aufenthalt in Frankreich sehr bereichernd. Ich habe neue Freunde und eine zweite Familie gefunden und sehr wichtige Erfahrungen gemacht.

Franziska, Dante-Gymnasium, München

Da deine französische Brieffreundin den Text nicht ganz verstanden hat, bittet sie dich, ihr zu helfen. Schreibe ihr eine E-Mail, in der du die wichtigsten Informationen aus dem Bericht von Franziska zusammenfasst. Schreibe in dein Heft.

Compréhension écrite | Leseverstehen

Sur Internet, des jeunes donnent leur avis sur le rôle de la publicité.

Ton avis sur la pub
Est-ce que la pub te manipule? Donne ton avis et parle-nous de tes expériences.

Mia, 15 ans

Non! La pub ne me manipule pas. Moi, je ne crois pas ce qu'on montre dans les publicités. Ça ne me convainc pas. Je ne veux pas que la pub me dise ce que je dois acheter ou pas. J'achète ce qui me plaît et ce qui correspond à ce dont j'ai vraiment besoin. Je dépense seulement de l'argent pour les choses qui m'intéressent.

Paul, 16 ans

À mon avis, la pub nous accompagne partout dans notre vie quotidienne. Alors bien sûr, elle nous manipule. Elle nous dit ce dont nous avons envie. La pub présente un tas de produits, comme les vêtements, les chaussures, les portables ou encore les jeux vidéo. Quand on les voit dans les magazines, à la télé ou sur Internet, on a alors envie de les acheter. Et ça fonctionne (presque) toujours! La pub, ça nous convainc et ça nous aide à prendre des décisions avant d'acheter.

Louna, 16 ans

D'accord avec toi, Paul! La pub accompagne notre vie de tous les jours. Et c'est vraiment difficile de lutter contre cela. Quand on a besoin de nouveaux vêtements ou d'autres choses, on pense toujours aux photos dans les magazines ou aux publicités à la télé. On veut ressembler à ce qu'on voit dans les pubs. Mais je trouve cela idiot. Et c'est même dangereux parce qu'on perd sa personnalité. Quand les pubs passent à la télé, je me lève et je vais faire autre chose parce que je ne veux pas que la pub me manipule.

Tiphaine, 15 ans

Moi, j'aime bien la pub. ☺ Elle propose des belles choses dans des mondes qui n'existent pas vraiment. Je sais qu'il ne faut pas croire tout cela. La pub, ce sont surtout des rêves pour oublier la vie quotidienne. Ça m'amuse quand je vois des publicités pleines d'humour dans le métro, à la télé ou dans les journaux. C'est une façon agréable d'oublier le quotidien. Je suis fan de pubs, et j'aime les regarder. Mais à mon avis, je ne suis pas victime de la pub!

Bastien, 14 ans

Oui, bien sûr! La pub, ça peut être sympa. Mais parfois, elle montre aussi n'importe quoi! Vous avez entendu parler de l'écoblanchiment? Ce sont des pubs qui veulent montrer qu'elles agissent contre la pollution et s'engagent pour l'écologie. Ces pubs montrent par exemple des voitures qui ne polluent pas!! Moi, je ne peux pas croire cela. En vérité, elles veulent seulement vendre leurs produits qui souvent ne sont ni écologiques ni naturels. La publicité nous ment parfois, alors il faut que nous agissions contre cela.

1   Qui dit quoi? Lis le texte et coche les bonnes réponses. Pour chaque personne, il y a un seul avis. Attention: Il y a deux avis en trop.

_____ / 21 P.
(7 x 3 P.)

Qui? / Quoi?	Mia	Paul	Louna	Tiphaine	Bastien
«La pub ne doit pas jouer un rôle trop important dans ma vie, alors je n'en regarde pas.»					
«La publicité, ça m'est égal parce que je n'ai ni ordinateur ni télé.»					
«Je connais des pubs qui ne disent pas la vérité. Il ne faut pas accepter ça!»					
«Je regarde les pubs pour voir autre chose, même si ce n'est pas réaliste.»					
«Plus tard, je voudrais travailler dans le domaine de la publicité.»					
«Je trouve normal qu'on achète les choses que la pub propose. Pour moi, ce n'est pas un problème.»					
«J'achète seulement les choses qui me manquent.»					

Vocabulaire | Wortschatz

_____ / 12 P.

2   Sur Internet, Marie donne son avis sur la publicité.
Complète le texte. Utilise des mots qui veulent dire la même chose que les mots soulignés. Fais attention à la forme correcte des verbes et des adjectifs.

_____ / 4 P.

LA PUB et vous

Parfois, je me demande comment la pub agit / _________________ . Elle utilise /

_________________ des slogans qui nous manipulent. Elle montre des images positives

qui ne sont pas vraies / _________________ .

Alors quand on achète un produit, il faut regarder les détails pour voir avec quels éléments /

_________________ on a fait un produit.

3 **a** Trouve le contraire des mots suivants. _____/4 P.

    1. en bas ≠ ____

    2. vrai ≠ ____

    3. le premier plan ≠ ____

    4. protéger (la nature) ≠ ____

b Tu as trouvé des mots ou des expressions dans **a**. Utilise-les pour compléter _____/4 P.
le texte de Marie. Fais attention à la forme correcte des verbes et des adjectifs.

LA PUB et vous

Hier, j'ai vu une pub pour une eau minérale. Au premier plan, il y avait une bouteille dans la

nature. À _____________________, il y avait des montagnes. Dans le ciel bleu, il y avait des

oiseaux. Quand j'ai vu cette publicité, j'ai pensé à la vie à la campagne, loin de la ville. En bas,

il y avait un écolabel. _____________________, il y avait un slogan qui n'était pas réaliste:

«Bois cette eau minérale pour mieux protéger la nature». À mon avis, le plastique est le com-

posant principal de la bouteille. Et tout le monde sait que le plastique _____________________

l'environnement. C'est pourquoi je pense que cette publicité donne des informations

_____________________.

Grammaire | Grammatik _____/14 P.

4 **Dans le journal de son lycée, Luc parle de l'écoblanchiment.** _____/3 P.
Complète avec les bonnes formes du verbe *convaincre*. (6 x 0,5 P.)

À mon avis, l'écoblanchiment ne _____________________ pas vraiment les gens. Il faut agir contre

les pubs qui manipulent le public. Avec une action contre l'écoblanchiment, nous

_____________________ les consommateurs, j'en suis sûr. Il faut lutter pour des écolabels qui

_____________________ les consommateurs de la qualité d'un produit. Mais avant de participer à

cette action, il faut d'abord _____________________ mes parents. Et ce n'est pas facile parce que je

ne les _____________________ pas souvent. L'année dernière, j'ai participé à une action contre les

faux écolabels et on _____________________ (*passé composé*) beaucoup de gens.

5 **Regarde les dessins et fais des phrases. Utilise** *ne … ni … ni.* ____/ 6 P.
(4 x 1,5 P.)

1 Les usines – protéger – la nature – les habitants des villes

____

____

2 Ils – prendre – le VTT – la voiture – en vacances

____

____

3 Léna – s'intéresser – au vélo – à la natation

____

____

4 Liam – vouloir – manger – boire

____

____

6 **Tu discutes avec tes amis français. Tu n'es pas du tout d'accord avec eux.** ____/ 5 P.
Dis le contraire et utilise *ne … ni … ni.*

1. **Théo:** À mon avis, les pubs donnent des informations vraies et importantes.

   Toi: À mon avis, ces informations ne sont ____

2. **Éloïse:** J'adore regarder les pubs sur Internet et à la télé.

   Toi: ____

3. **Thibault:** Les pubs veulent sensibiliser et respecter les consommateurs.

   Toi: ____

4. **Jeanne:** Les gens s'intéressent à l'environnement et à l'écologie.

   Toi: ____

5. **Mathilde:** Les actions contre l'écoblanchiment sont bêtes et bizarres.

   Toi: ____

7 Tu voudrais t'engager pour l'environnement et tu as trouvé un site intéressant sur Internet.

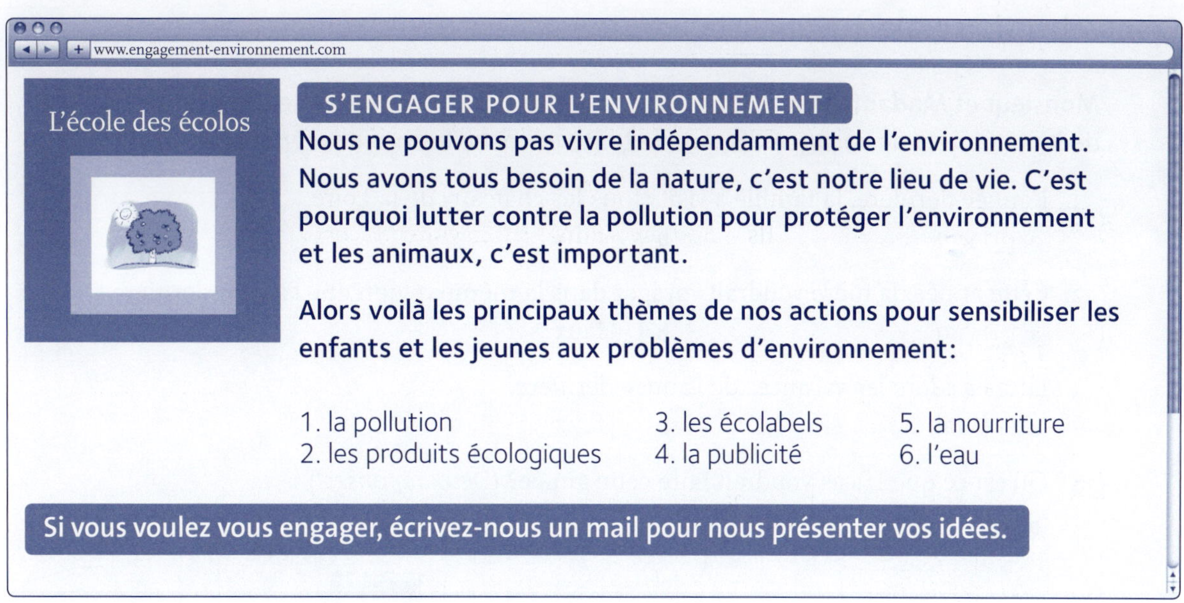

Comme cette association t'intéresse, tu lui écris un mail.

Dans ton mail,
– tu dis pourquoi tu écris ce mail, 3 P.
– tu te présentes (nom, âge, ville, pays, collège/lycée), 4 P.
– tu dis dans quel domaine (pollution, écoblanchiment, produits écologiques, etc.) tu voudrais t'engager et pourquoi, 6 P.
– tu expliques comment tu voudrais agir (action, cours, argent, etc.) pour convaincre les enfants et les jeunes. 6 P.

N'oublie pas les formules au début et à la fin de ton mail. 2 P.

Compréhension orale | Hörverstehen

_____/28 P.
(14 x 2 P.)

1 Monsieur et Madame Duval, leur fils Lucas et sa petite sœur Jeanne discutent de leurs projets de vacances. Écoute le texte et coche les bonnes réponses.

1. L'année dernière, la famille a visité tous les châteaux de la Loire.
   a ☐ vrai   **b** ☐ faux

2. Cette année, la mère voudrait voyager dans la même région que l'année dernière.
   a ☐ vrai   **b** ☐ faux

3. Lucas a adoré les vacances de l'année dernière.
   a ☐ vrai   **b** ☐ faux

4. Qu'est-ce que Lucas voudrait faire cette année? (*Deux réponses!*)
   a ☐   **b** ☐   **c** ☐   **d** ☐

5. La mère n'est pas d'accord. Lucas propose alors … (*Deux réponses!*)
   a ☐   **b** ☐   **c** ☐   **d** ☐

6. Jeanne, la petite sœur de Lucas, a adoré les vacances de l'année dernière.
   a ☐ vrai   **b** ☐ faux

7. Qu'est-ce que Jeanne voudrait faire cette année ? (*Deux réponses!*)
   a ☐   **b** ☐   **c** ☐   **d** ☐

8. Le père dit que la région de la Loire …
   a ☐ est idéale pour faire des balades à vélo.
   b ☐ est trop dangereuse pour faire des balades à vélo.
   c ☐ ne propose pas de véloroutes.

9. Comment est-ce que Lucas réagit alors?
   a ☐ Il propose de visiter des châteaux.
   b ☐ Il propose d'aller à la montagne.
   c ☐ Il ne fait plus de proposition.

10. Pour la mère, le parc national du Mercantour n'est pas la meilleure solution …
    a ☐ parce qu'il n'y a pas de circuits en VTT.
    b ☐ parce qu'on ne peut pas y faire du kayak.
    c ☐ parce qu'on ne peut pas y aller à des expositions.

11. Jeanne a une idée. Elle propose d'aller cette année ...
- **a** ☐ dans les Alpes, mais pas dans la région de la Loire.
- **b** ☐ d'abord dans la région de la Loire et puis dans les Alpes.
- **c** ☐ dans la région de la Loire, et l'année prochaine, dans les Alpes.

▬ Vocabulaire | Wortschatz

_____/18 P.

2 Trouve les mots qui manquent et complète la grille.

_____/8 P.

Horizontal:
- En vacances, il fait beau. Je ne fais rien, je m'amuse tout le temps. C'est trop bien, c'est le **1** .
- En été, je ne reste pas au soleil. Je ne veux pas **2** .
- Le bassin d'Arcachon est **3** à 50 kilomètres de Bordeaux.
- Un chemin très petit en montagne, c'est un **4** .

Vertical:
- Aujourd'hui, nous partons en randonnée, et nous faisons un **5** de cinq heures en VTT.
- J'aime l'aventure et je n'ai pas peur de l'eau. Je fais du **6** dans les gorges du Verdon.
- La **7** du Pilat a entre 100 et 115 mètres de hauteur.
- Esma aime les plages de **8** fin.

3 a Trouve un mot de la même famille. Écris les verbes avec leurs
compléments (*qn/qc*) et les noms avec l'article défini.

_____/5 P.

1. le conseil → ____

2. suivre → ____

3. la randonnée → ____

4. passer → ____

5. se coucher → ____

b Fais des phrases avec les mots de a. ____/5 P.

1. ____

2. ____

3. ____

4. ____

5. ____

Grammaire | Grammatik

____/9 P.
(6 x 1,5 P.)

4 Voici le résultat d'un sondage sur la vie des jeunes de ton collège.
Reformule les phrases avec les fractions et les quantifiants dans l'encadré.

❗ Les informations p. 126 et p. 164 dans ton livre *À plus!* 4 peuvent t'aider.

la majorité	la moitié	un tiers	les deux tiers	un quart	les trois quarts

1. 75 % des filles préfèrent jouer au volley.

____

____

2. 66 % des garçons font du sport.

____

3. 85 % des élèves voudraient partir à l'étranger en été.

____

4. 50 % des élèves sortent avec leurs amis le week-end.

____

5. 25 % des filles s'intéressent aux maths.

____

6. 33 % des parents aimeraient partir en vacances sans leurs enfants.

____

5 Dans un mail, tu invites ta correspondante française à passer une semaine chez toi en Allemagne.

– Tu lui demandes quand elle pourra venir. `3 P.`
– Tu décris • quelle/s activité/s vous pourrez faire ensemble, `5 P.`
  • quel monument tu voudrais lui montrer et tu lui expliques pourquoi, `5 P.`
  • à quel autre endroit vous pourriez aller et tu lui expliques pourquoi. `5 P.`

Les photos peuvent t'aider. N'oublie pas les formules au début et à la fin de ton mail. `2 P.`

Im Uhrzeigersinn (v. o. l.): © Fotolia / Bertold Werkmann; © Fotolia / kristina rütten; © Fotolia / kgdad; © Fotolia / ftlandgirl; © Fotolia / Benno Hoff; © Fotolia / ARochau

Compréhension écrite | Leseverstehen

Après avoir participé à une rencontre entre jeunes d'origines différentes, Sohane a décidé d'écrire sur son blog un texte sur ce qui s'est passé.

www.Blog de Sohane.com

La Charte de la Diversité

Chaque année, mon lycée, qui s'engage contre le racisme en France, organise une rencontre entre jeunes ... Des jeunes d'origines différentes viennent et discutent de leurs expériences. Cette année, moi, j'y ai participé pour la première fois. Et aujourd'hui, sur mon blog, je voudrais vous en parler.

Dans le quartier de Lyon où se trouve mon lycée, il y a surtout des problèmes de racisme entre les jeunes. Les jeunes d'origine étrangère ont souvent des difficultés pour trouver un travail. Alors ils passent la plupart de leur temps dans la rue. C'est la raison pour laquelle leurs parents s'inquiètent mais ils n'arrivent pas à les aider.

Alors cette année, des employeurs de la région de Lyon sont venus pour présenter une Charte de la Diversité. Ils nous ont expliqué que les entreprises qui signaient cette Charte s'engageaient à agir pour la diversité. Comme cela, des jeunes Français d'origine étrangère ont des meilleures chances de trouver un stage, et même un travail dans une entreprise.

Sami, dont la famille vient de Tunisie et qui est en seconde, nous a raconté qu'il a trouvé un stage dans l'entreprise IMO. Cette entreprise construit des maisons dans toute la France et a signé la Charte de la Diversité. Pour Sami, son stage a été une expérience formidable. Pour la première fois de sa vie, il s'est senti utile. Bien sûr, tout n'a pas été facile, surtout au début. Chacun avait ses préjugés. Mais Sami a appris à travailler avec des personnes qui n'avaient pas les mêmes habitudes que lui et qui ne vivaient pas dans son monde. Avec le temps, Sami a découvert des gens formidables, et son stage a été un succès:
«Après avoir travaillé trois semaines dans cette entreprise et après avoir mangé à la cantine avec les autres tous les jours, je me suis senti égal à eux. Mon apparence, mon pays d'origine ne comptent pas ici. Ici, seul mon travail compte», dit Sami.

Aliya a fait une autre expérience dans une entreprise qui a aussi signé la Charte. Ses parents viennent du Burkina Faso, mais Aliya est née en France. L'année dernière, elle était en seconde et elle a participé à des cours de français spéciaux pour le travail en entreprise. Aliya raconte:
«Au début, j'étais un peu perdue. Tout allait trop vite, et j'avais l'impression que tout le monde prenait ses distances avec moi. C'était l'horreur, et j'en ai souffert. Alors je suis allée voir la prof pour en discuter avec elle. Heureusement, après avoir écouté mes problèmes, elle a pris plus de temps pour expliquer les mots nouveaux. Je me suis sentie mieux, et j'ai eu moins de difficultés pour comprendre. Et voici la preuve que mes cours ont été un succès: J'ai réussi à avoir un stage dans une entreprise pendant les vacances d'été».

Pour moi, cette rencontre a été une expérience très positive. J'ai compris qu'on peut agir contre le racisme. Quand on discute, quand on travaille ensemble, les préjugés disparaissent. On apprend à être tolérant, ça crée des liens, et c'est une vraie chance.

Alors à l'année prochaine pour une nouvelle rencontre contre le racisme! Je serai là pour m'engager et j'espère que vous y participerez, vous aussi.

1 **Lis le texte de Sohane et coche les bonnes réponses.**

___/ 24 P.
(12 x 2 P.)

1. Dans l'école de Sohane, une rencontre entre jeunes ...
   a ☐ a eu lieu pour la première fois.
   b ☐ a lieu tous les ans.
   c ☐ n'a pas pu avoir lieu.

2. Sohane dit qu'il y a des problèmes de racisme entre les jeunes parce que les jeunes d'origine étrangère ...
   a ☐ viennent de familles qui ne s'occupent pas de leurs enfants.
   b ☐ sont souvent au chômage et ne font rien pendant toute la journée.
   c ☐ ne s'engagent pas pour trouver un travail.

3. Qui a présenté la Charte de la Diversité?
   a ☐ Le lycée de Sohane.
   b ☐ Des jeunes de la région.
   c ☐ Des entreprises de la région.
   d ☐ Des parents d'origine étrangère.

4. Avec cette Charte, on veut ...
   a ☐ lutter contre le racisme parmi les élèves au lycée de Sohane.
   b ☐ aider les jeunes d'origines différentes pour leur avenir professionnel.
   c ☐ engager plus de professeurs d'origines étrangères pour aider ces jeunes.

5. Quelle a été l'expérience de Sami, dont la famille vient de Tunisie, pendant son stage?
   a ☐ Sami avait l'impression que les autres ne s'occupaient pas de lui.
   b ☐ Sami rejetait la culture et les habitudes des personnes avec lesquelles il travaillait.
   c ☐ Sami avait des problèmes au début, mais à la fin il s'est senti accepté.
   d ☐ Sami a surtout travaillé avec des gens dont la famille venait aussi du Maghreb.

6. Comment est-ce que Sami a trouvé son stage?
   a ☐ Il était très content de son stage parce qu'il avait l'impression de faire un travail qui compte.
   b ☐ Il était un peu déçu de son stage parce qu'il a aussi fait des mauvaises expériences dans l'entreprise.
   c ☐ Il n'était pas du tout content de son stage parce qu'à son avis, il y avait trop de préjugés contre lui.

7. Sohane raconte aussi l'expérience d'Aliya qui ...
   a ☐ ne savait pas bien parler français quand elle a commencé son stage.
   b ☐ a fait des cours de langue pour se préparer au monde du travail.
   c ☐ a voulu arrêter les cours parce qu'elle avait des problèmes avec une prof.

8. Au début, la situation en cours de français était difficile pour Aliya ... (*Deux réponses!*)
   a ☐ parce qu'elle avait des problèmes à comprendre ce que la prof expliquait.
   b ☐ parce qu'elle croyait que la prof avait des préjugés contre elle.
   c ☐ parce qu'elle se sentait seule avec ses problèmes.
   d ☐ avait raté un examen important.

9. Qui a aidé Aliya dans cette situation difficile?
   a ☐ Ses parents.
   b ☐ Son professeur.
   c ☐ L'entreprise où elle a fait son stage.

10. À la fin de la rencontre entre jeunes, Sohane a fait l'expérience …

   a ☐ qu'on peut lutter contre les préjugés.
   b ☐ que le racisme va toujours exister.
   c ☐ que les discussions ne servent à rien.

11. L'année prochaine, …

   a ☐ la rencontre dans le lycée de Sohane n'aura pas lieu.
   b ☐ Sohane ne veut pas participer à la rencontre.
   c ☐ Sohane ne pourra pas participer à la rencontre.
   d ☐ Sohane participera à la rencontre encore une fois.

Vocabulaire | Wortschatz

_____/17 P.

2 a Complète les deux listes avec les mots dans l'encadré.

_____/8 P.

> l'espoir   la tolérance   les préjugés   la diversité   la misère   le racisme
> les liens entre les cultures   la pauvreté

On lutte pour …	On lutte contre …
_______________	_______________
_______________	_______________
_______________	_______________
_______________	_______________

b Qui dit quoi? Complète le tableau avec les expressions dans l'encadré.

_____/5 P.

> vivre égaux   être raciste   être tolérant   rejeter les immigrés   dire des propos racistes

_______________	_______________
_______________	_______________
_______________	_______________

3 Dans un forum sur Internet, Djenabou parle de ses expériences.
Complète. Utilise les mots dans l'encadré. Attention: Il y a deux mots en trop.

_____ / 4 P.
(8 x 0,5 P.)

apparence	slam	fuir	représente	misère	parmi	préjugés
	quitter		rejettent	souffrent		

Au collège, j'ai gagné un concours de _________________ contre le racisme. J'y ai participé

parce que _________________ mes copains, il y en a qui ont fait des mauvaises expériences.

Parfois, les gens les _________________ à cause de leur _________________ et de

leur accent étranger. Pourquoi font-ils ça?

Beaucoup d'immigrés ont dû _________________ leur pays d'origine pour

_________________ la guerre ou la _________________. Pour eux, la France

_________________ l'espoir d'une vie meilleure.

Pour tous, la diversité, c'est une chance!

Djenabou

Grammaire | Grammatik

_____ / 12 P.
(6 x 2 P.)

4 Raconte ce que le père et la mère de Djenabou ont vécu. Utilise les mots donnés
et *après avoir* / *après être* + participe passé.

1. _________________________________

____

____

avoir une vie difficile / partir en France

2. _________________________________

____

____

arriver en France / rencontrer des compatriotes

3. ______________________________

____

____

écrire des lettres de motivation / trouver un travail

4. ______________________________

____

____

gagner son premier salaire / envoyer de l'argent à sa famille en Afrique

5. ______________________________

____

____

venir à une fête / faire la connaissance d'une jeune femme

6. ______________________________

____

____

se sentir amoureuse / épouser le père de Djenabou

Médiation | Sprachmittlung

_____ / 20 P.
(5 x 4 P.)

5   **Dein französischer Brieffreund Théo hat dir folgende E-Mail geschrieben:**

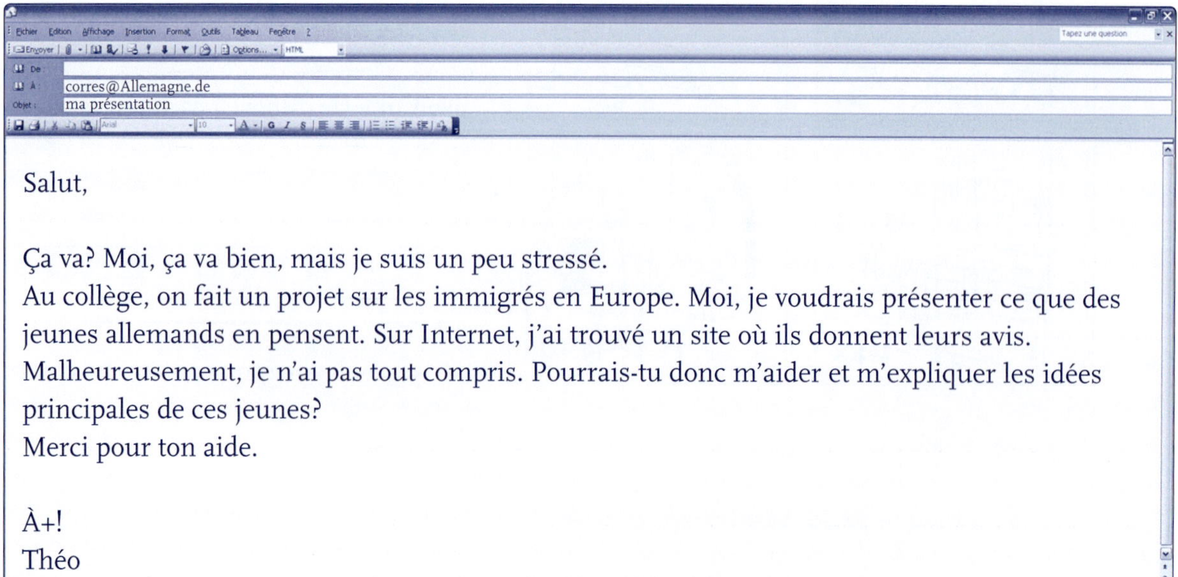

Hier ist die Webseite mit den Forumsbeiträgen der deutschen Jugendlichen.

	Thema „Einwanderung" – Diskutiere mit!
Flo2016	Viele Einwanderer verlassen ihr Land, weil dort Krieg herrscht. Deshalb müssen wir diesen Menschen helfen, sich in unserem Land niederzulassen. Deutschland bedeutet für sie Freiheit, Toleranz und Hoffnung. Sie sollten hier die Chance auf ein neues, besseres Leben bekommen.
Mara_empört_sich	In meiner Gegend höre ich häufig rassistische Äußerungen gegen Einwanderer aus Afrika. Menschen abzulehnen aufgrund ihres Aussehens oder ihres ausländischen Akzentes, ist inakzeptabel. Wir müssen aktiv werden und uns gegen Rassismus und Vorurteile stellen.
Jamel_forum	Meine Familie kommt aus Burkina Faso, ich bin aber in Deutschland geboren, lebe seit 15 Jahren hier und habe die deutsche Staatsangehörigkeit. Trotzdem bin ich schon Opfer von rassistischen Vorurteilen geworden und fühle mich deshalb manchmal als Ausländer.
Maria3003	Diese Menschen haben in ihrem Herkunftsland unter schwierigen Lebensbedingungen gelitten und sind vor Armut und Elend geflohen. Es ist normal, dass sie ein besseres Leben in Europa suchen. Viele von ihnen müssen erst lernen, in einer anderen Kultur zu leben, und wir müssen lernen tolerant zu sein.
Firebird62	Das Leben in Deutschland ist sicherlich leichter für viele dieser Menschen, dennoch fehlt ihnen ihr Herkunftsland. Sie behalten eine Verbindung zu ihrem Land und schicken auch Geld dorthin. Vielleicht kehren sie wieder zurück, wenn in ihrem Land der Krieg vorbei ist.

Schreibe Théo eine E-Mail, in der du die wichtigsten Aussagen der fünf Jugendlichen erklärst.

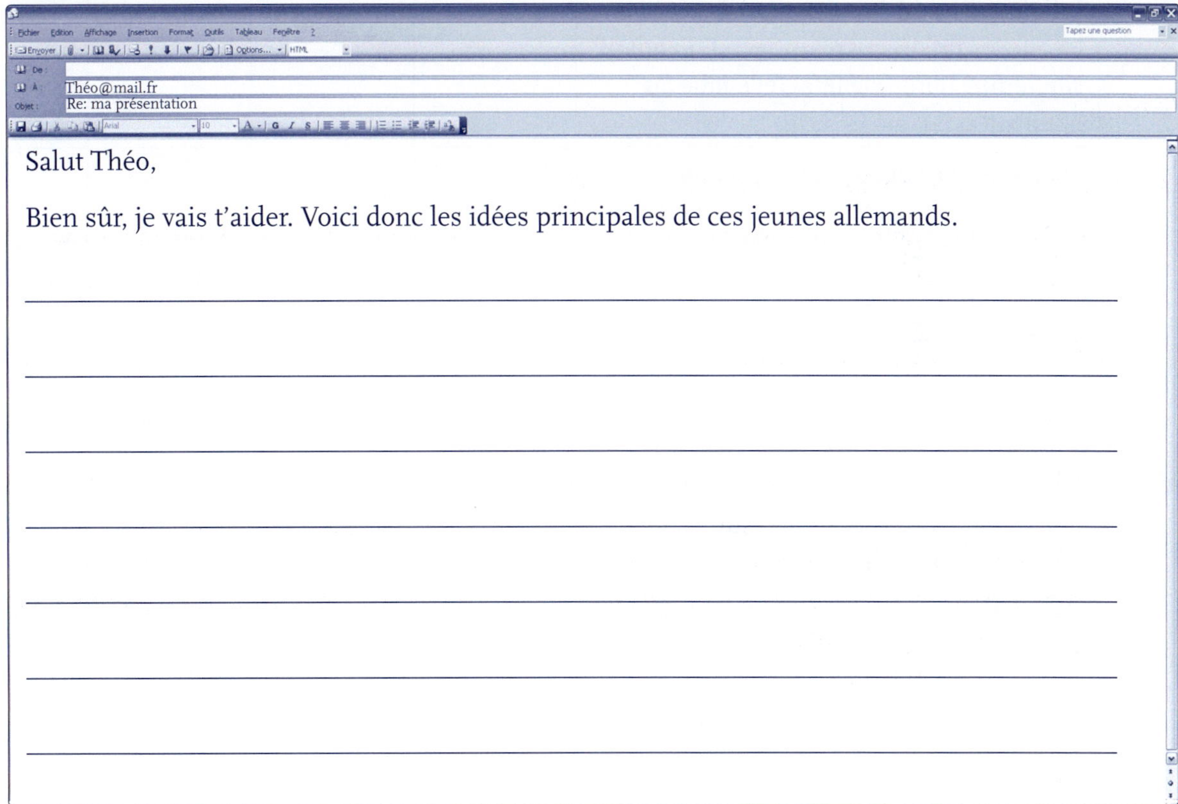

Compréhension orale | Hörverstehen ______ / 25 P. (5 x 5 P.)

1 Avant l'écoute

Tu vas écouter une interview dans laquelle on parle de quatre B. D. Voici leurs titres:

| La forêt | Le jardin de la nuit | À table! | Autour du monde |

Dans cette interview en direct du festival d'Angoulême, un journaliste demande à quatre visiteurs du festival quelle B. D. ils préfèrent.
Cinq jeunes allemands écoutent l'interview à la radio pour savoir laquelle des quatre B. D. pourrait les intéresser.
Qui s'intéresse à quoi? Coche la bonne réponse. Attention: Deux personnes ne trouvent pas de B. D. Une personne s'intéresse à deux B. D.

Qui? / Quelle B. D.?	La forêt	Le jardin de la nuit	À table!	Autour du monde
Niklas aime manger et créer des nouvelles recettes.				
Lina s'intéresse au monde des artistes et elle aime connaître des pays étrangers. Après son bac, elle veut passer une année en Chine.				
Robert s'intéresse au sport. Il aime surtout les histoires réalistes qui se passent dans le monde d'aujourd'hui.				
Julia aime les histoires fantastiques dans lesquelles on découvre un secret. Pendant son temps libre, elle lit ou elle joue au handball.				
Tobias fait des percussions. Il adore les B. D. dans lesquelles la musique joue un rôle important.				

Les deux personnes qui ne trouvent pas de B. D. sont: _______________________________

Vocabulaire | Wortschatz ______ / 13 P.

2 a Trouve un mot de la même famille. ______ / 4 P. (8 x 0,5 P.)

1. lire → ____

2. royal → ____

3. pirater → ____

4. la prison → ____

5. compliqué/e → ____

6. riche → ____

7. la visite → ____

8. regarder → ____

b Trouve un mot qui veut dire la même chose. _____/6 P.

1. le/la jeune = ____

2. le grand sac pour voyager = ____

3. la petite maison dans la forêt = ____

4. l'image dans un livre = ____

5. les gens qui assistent à un spectacle, qui vont à un festival = ____

6. pendant = ____

3 Voici le texte de Mara, une élève qui adore les B. D. et qui est allée à Angoulême. _____/3 P.
Complète les phrases avec les mots dans l'encadré. Attention: Il y a un mot en trop. (6 x 0,5 P.)

lettrage	dédicace	œuvres	dessinateurs	scénariste	festival	camarades

Ma journée à Angoulême

Lundi 3 février, mes _________________ de classe et moi,

nous avons passé toute la journée à Angoulême pour découvrir

le _________________ de la B. D.

Pour préparer cette visite, nous avons appris du vocabulaire sur la B. D., comme par

exemple le _________________ qui veut dire «l'auteur d'une B. D.». En cours,

nous avons vu aussi les différentes façons de faire le _________________ des B. D.

À Angoulême, j'ai regardé un tas de mangas, et des _________________ m'ont

montré comment ils font leurs dessins. Je suis aussi allée voir mon auteur préféré, et je

lui ai demandé une _________________. C'était trop cool!

    _____/15 P.

4 Les élèves de la 3ᵉ B se demandent de qui / de quoi leur professeur parle.
Coche la bonne réponse.   _____/4 P.
(8 x 0,5 P.)

I. **Le professeur à ses élèves:** Alors vous l'avez lu jusqu'à la fin?
a ☐ le livre   **b** ☐ la B. D.   **c** ☐ les textes   **d** ☐ les histoires

2. **Le professeur à ses élèves:** Vous l'avez enfin trouvée?
a ☐ le stylo   **b** ☐ la solution   **c** ☐ les réponses   **d** ☐ les phrases-clés

3. **Le professeur à Élodie:** Élodie, tu les as appelés?
a ☐ Daniel   **b** ☐ Sophie   **c** ☐ Daniel et Mia   **d** ☐ Sophie et Mia

4. **Le professeur à Yanis:** Yanis, tu l'as aidée?
a ☐ Daniel   **b** ☐ Sophie   **c** ☐ Daniel et Mia   **d** ☐ Sophie et Mia

5. **Le professeur à Yacine:** Où est-ce que tu les as cherchés, Yacine?
a ☐ le sac   **b** ☐ la clé   **c** ☐ les cahiers   **d** ☐ les clés

6. **Le professeur à ses élèves:** Quelqu'un les a mises sous la table.
a ☐ le sac   **b** ☐ la clé   **c** ☐ les cahiers   **d** ☐ les clés

7. **Le professeur à Adèle:** Tu l'as faite pour la troisième fois. Fais attention.
a ☐ cet exercice   **b** ☐ cette faute   **c** ☐ tes devoirs   **d** ☐ ces expériences

8. **Le professeur à ses élèves:** Vous l'avez comprise?
a ☐ cet exercice   **b** ☐ la légende   **c** ☐ les devoirs   **d** ☐ ces histoires

5 En classe, les élèves parlent de leurs B. D. préférées.
Complète avec le participe passé des verbes entre parenthèses.
Attention à l'accord du participe passé.   _____/11 P.

Le professeur: On va parler des B. D. que vous avez _____________________ (*préparer*) pour la

présentation en classe. Sandrine, quelle histoire est-ce que tu as _____________________ (*lire*)?

Sandrine: La B. D. qui m'a _____________________ (*intéresser*) le plus, c'est «Tamara – Faites

comme chez vous!». Ce livre, je l'ai aussi _____________________ (*offrir*) à ma meilleure amie.

Le professeur: Pourquoi est-ce que c'est une B. D. que tu as _____________________ (*choisir*)?

Sandrine: Je l'ai _____________________ (*choisir*) à cause des personnages. Les deux person-

nages principaux, je les ai _____________________ (*adorer*)!

Sébastien: Cette B. D. n'était pas géniale. Je ne l'ai pas du tout _____________________ (*aimer*).

Le professeur: Alors pourrais-tu nous parler des B. D. que tu as _____________________ (*préférer*)?

Sébastien: Les B. D. que j'ai _____________________ (*découvrir*), ce ne sont pas de vraies B. D.

Ce sont des romans graphiques que j'ai _____________________ (*trouver*) géniaux.

6 Nathan, der ältere Bruder deines französischen Austauschpartners, ist Comicfan und möchte unbedingt zu einem deutschen Comicfestival fahren.
Er hat im Internet folgende Website entdeckt und bittet dich, ihm die wichtigsten Informationen zu dem Comicfestival auf Französisch zu geben.
Antworte ihm mit einer E-Mail. Schreibe in dein Heft.

www.Comicfestival.de

11. – 14. September

8. INTERNATIONALES COMICFESTIVAL IN ANGERSTADT

Wie in den vergangenen Jahren haben die Besucher Gelegenheit, zahlreiche Neuerscheinungen aus den Genres Fantasy, Manga, Krimi, Abenteuer, Horror, Science-Fiction, graphic novels … zu entdecken. Viele Zeichner sind vor Ort und freuen sich, ihre Fans zu treffen.

Unser Programm

Begegnung mit den Künstlern
Schaut Comiczeichnern bei ihrer Arbeit über die Schulter. Ihr trefft hier bekannte Stars und neue Autoren.

Autogrammsessions
Ihr wünscht euch eine persönliche Widmung von eurem Lieblingszeichner? Dann seid ihr hier richtig!

Diskussionen
Comicautoren erzählen von ihrer Arbeit und stellen ihre neuen Projekte vor. Hier könnt ihr Fragen stellen und mit den Profis diskutieren.

Comic-Ausstellung
Hier werden zahlreiche Comics – bekannte und neue – präsentiert. In den Leseecken könnt ihr in Ruhe in den neuesten Comics blättern … und natürlich habt ihr auch die Gelegenheit, Comics zu kaufen.

Workshops
Ihr könnt an Workshops teilnehmen und selbst Comiczeichner und -autoren sein: eine Geschichte erfinden, die Comicfiguren zeichnen und Texte für die Sprechblasen schreiben.

Cosplay-Welt
Kein Comicfestival ohne Cosplays und schräge Kostüme! Hier gibt es Veranstaltungen, wo Fans als bekannte Comicfiguren verkleidet sind und diese auf der Bühne darstellen. Seid ihr selbst Cosplayer, macht mit! Aber auch das Zuschauen bringt eine Menge Spaß!

Shopping-Welt
Fehlt euch noch eine Figur für eure Sammlung oder sucht ihr eine Lampe mit eurem Comic-Helden? Hier gibt es alles, was das Herz begehrt!

Du sprichst über Berufswünsche

1. Frage jemanden, was er/sie später machen möchte.	1. Qu'est-ce que tu aimerais faire plus tard?
2. Frage jemanden, was sein/ihr Traumberuf ist.	2. Quel est ton métier de rêve? / C'est quoi, ton métier de rêve?
3. Sage, was du später gerne machen würdest.	3. Plus tard, je voudrais devenir (professeur).
4. Sage, dass du davon träumst, Arzt/Ärztin zu werden.	4. Je rêve de devenir médecin.
5. Sage, dass du gerne etwas mit Sprachen machen würdest.	5. J'aimerais faire quelque chose avec les langues.
6. Sage, dass du gerne ein festes Gehalt hättest.	6. J'aimerais avoir un salaire fixe.
7. Sage, dass du gerne dein eigenes Unternehmen aufbauen würdest.	7. J'aimerais monter ma propre entreprise.

Du sprichst über deine Stärken und Interessen

1. Sage, wofür du eine Begabung hast.	1. Je suis doué/e pour (la musique).
2. Sage, dass Sport deine Leidenschaft ist.	2. Le sport, c'est ma passion.
3. Sage, dass die Meinung anderer sehr für dich zählt.	3. L'avis des autres compte beaucoup pour moi.
4. Sage, dass du flexibel und ernsthaft bist.	4. Je suis flexible et sérieux/sérieuse.
5. Sage, dass du gerne Entscheidungen triffst.	5. J'aime prendre des décisions.
6. Sage, dass man dir vertrauen kann.	6. On peut me faire confiance.
7. Sage, wofür du dich interessierst.	7. Je m'intéresse à (l'économie). / Je suis intéressé/e par (l'économie).

Du sprichst über jemanden, den du bewunderst

1. Sage, dass du ihn bewunderst, weil er sich engagiert.	1. Je l'admire parce qu'il s'engage.
2. Sage, dass sie bescheiden geblieben ist.	2. Elle est restée modeste.
3. Sage, dass du seinem/ihrem Beispiel folgen willst.	3. Je voudrais suivre son exemple.
4. Sage, dass ZAZ zur Zeit eine der besten Sängerinnen ist.	4. ZAZ est une des meilleures chanteuses du moment.

Du gibst jemandem einen Ratschlag

1. Sage jemandem, dass du an seiner/ihrer Stelle Reporter werden würdest.	1. Moi, à ta place, je voudrais devenir reporter.
2. Sage jemandem, dass er/sie im Ausland arbeiten sollte.	2. Tu devrais travailler à l'étranger.
3. Sage jemandem, dass niemand ihn/sie daran hindert, Sprachen zu studieren.	3. Personne ne t'empêche de faire des études de langues.

Du beschreibst Gewohnheiten

1. Sage, dass man das Brot in Stücke schneidet.	1. On découpe le pain en morceaux.
2. Sage, dass man Butter darauf tut.	2. On y met du beurre.
3. Sage, dass man die Brotstreifen in sein weich gekochtes Ei tunkt.	3. On trempe les mouillettes dans son œuf à la coque.
4. Sage, dass man in Deutschland einen Teelöffel benutzt, um ein weich gekochtes Ei zu essen.	4. En Allemagne, on utilise une petite cuillère pour manger un œuf à la coque.
5. Sage, dass es bei euch zu Hause zum Essen Mineralwasser mit Kohlensäure / Leitungswasser gibt.	5. Chez moi, il y a de l'eau gazeuse / de l'eau plate pour les repas.
6. Erkläre, dass man in deiner Familie am Ende der Mahlzeit oft ein Dessert isst.	6. Dans ma famille, on mange souvent un dessert à la fin du repas.
7. Erkläre, dass du immer deinen Namen sagst, wenn du den Telefonhörer abnimmst.	7. Moi, je dis toujours mon nom quand je réponds au téléphone.
8. Erkläre, dass die Deutschen die Gewohnheit haben, ihre Ferien im Ausland zu verbringen.	8. Les Allemands ont l'habitude de passer leurs vacances à l'étranger.

Du sprichst über Schule in Frankreich und Deutschland

1. Erkläre, welcher Klasse in Frankreich die 10. Klasse entspricht.	1. La dixième classe correspond à la seconde en France.
2. Sage, dass deiner Meinung nach die Schüler in Deutschland freier sind als in Frankreich.	2. À mon avis, les élèves en Allemagne sont plus libres qu'en France.
3. Sage, dass die Schüler in Frankreich anders arbeiten.	3. Les élèves en France travaillent différemment.
4. Sage, dass deiner Meinung nach die deutschen Schüler autonomer arbeiten.	4. À mon avis, les élèves allemands travaillent de manière plus autonome.
5. Beschreibe, wie eine Schultüte aussieht.	5. C'est un grand cornet en carton qui se ferme avec un ruban.

Du drückst deine Gefühle aus

1. Sage jemandem, dass du dich freust, dass er/sie morgen zu dir kommt.	1. Je suis content/e que tu viennes me voir demain.
2. Sage, dass du Angst hast, dass das schlecht laufen könnte.	2. J'ai peur que ça se passe mal.
3. Sage, dass du es schade findest, dass es zu Ende ist.	3. C'est dommage que ce soit fini.
4. Sage, dass du dich nicht getraut hast, es zu sagen.	4. Je n'ai pas osé le dire.

Du formulierst eine Aufforderung

1. Sage, dass du jemanden gebeten hast, dir das Wort zu erklären.	1. Je lui ai demandé de m'expliquer le mot.
2. Sage jemandem, er/sie solle aufhören, sich zu beklagen.	2. Arrête de te plaindre.

Du sprichst über die Bevölkerung eines Landes / eines Kontinents

(Audio 15)

1. Sage, dass Afrika mehr als eine Milliarde Einwohner hat/zählt.	1. L'Afrique compte plus d'un milliard d'habitants.
2. Sage, dass die Hälfte der Bevölkerung 17 Jahre oder jünger ist.	2. La moitié de la population a 17 ans ou moins.
3. Sage, dass Afrika nach Asien der bevölkerungsreichste Kontinent ist.	3. L'Afrique est le continent le plus peuplé après l'Asie.
4. Sage, dass von den Einwanderern in Frankreich ungefähr 30 % aus dem Maghreb kommen.	4. Environ 30 % des immigrés en France viennent du Maghreb.
5. Sage, dass ungefähr 50 % der Französischsprachigen in Afrika leben.	5. Environ 50 % des francophones vivent en Afrique.

Du sprichst über die Sprachen eines Landes / eines Kontinents

(Audio 16)

1. Sage, dass die Mehrheit der Afrikaner mehrere Sprachen spricht.	1. La majorité des Africains parlent plusieurs langues.
2. Sage, dass Französisch in den meisten afrikanischen Ländern die Unterrichtssprache ist.	2. Le français est la langue d'enseignement dans la plupart des pays d'Afrique.
3. Sage, dass in Algerien Arabisch die offizielle Sprache ist.	3. En Algérie, l'arabe est la langue officielle.

Du sprichst über die Geographie eines Landes

(Audio 17)

1. Sage, dass das Klima in Marokko angenehm ist.	1. Le climat au Maroc est agréable.
2. Sage, dass die Hauptstadt von Algerien sich im Norden des Landes befindet.	2. La capitale de l'Algérie est dans le nord du pays.
3. Sage, dass diese Stadt 400 Kilometer von der Hauptstadt entfernt ist.	3. Cette ville se trouve à 400 kilomètres de la capitale.
4. Sage, dass die Ressourcen des Landes die Landwirtschaft und der Tourismus sind.	4. Les ressources du pays sont l'agriculture et le tourisme.

Du sprichst über eine Person und ihr Werk

(Audio 18)

1. Sage, in welchem Jahr du geboren bist.	1. Je suis né/e en (2000).
2. Sage, dass er nach dem Abitur in Paris studiert hat.	2. Après le bac, il a fait ses études à Paris.
3. Sage, dass er seit 2003 in Mali lebt.	3. Il vit au Mali depuis 2003.
4. Sage, dass er ein Theaterstück inszeniert hat.	4. Il a mis en scène une pièce de théâtre.
5. Sage, dass er gegen die Armut in Afrika kämpft.	5. Il lutte contre la pauvreté en Afrique.
6. Sage, dass sie ihre eigene Organisation gegründet hat.	6. Elle a créé sa propre organisation.
7. Sage, dass sein Geld dazu dient, eine Schule in Afrika zu bauen.	7. Son argent sert à construire une école en Afrique.
8. Sage, dass sie in Europa ein Star geworden ist.	8. Elle est devenue une star en Europe.

Du sprichst über Filme

19

1. Sage, dass der Film keine Handlung hat.	1. Dans le film, il n'y a pas d'histoire.
2. Frage jemanden, was für ihn/sie die Schlüsselstelle in diesem Film ist.	2. Pour toi, quel est le moment-clé de ce film?
3. Sage, dass der Film zum Nachdenken anregt.	3. Le film donne à réfléchir.
4. Sage, dass die Schauspieler wirklich ergreifend sind.	4. Les acteurs sont vraiment touchants.
5. Sage, dass du die Szene übertrieben findest.	5. Je trouve la scène exagérée.

Du sprichst über schwierige Situationen

20

1. Sage, dass sie die Situation beherrscht.	1. Elle maîtrise la situation.
2. Sage, dass er hätte verhindern sollen, dass Paul weggeht.	2. Il aurait dû empêcher Paul de partir.
3. Sage, dass sie dir vorwirft, sie nicht zu respektieren.	3. Elle me reproche de ne pas la respecter.
4. Frage jemanden, was er/sie an deiner Stelle gemacht hätte.	4. Qu'est-ce que tu aurais fait à ma place?

Du sprichst über die deutsch-französische Geschichte

21

1. Sage, dass Deutschland und Frankreich lange Zeit Feinde waren.	1. Longtemps, la France et l'Allemagne ont été ennemies.
2. Sage, dass heute der 22. Januar der Tag der deutsch-französischen Freundschaft ist.	2. Le 22 janvier est aujourd'hui le jour de l'amitié franco-allemande.
3. Sage, dass de Gaulle und Adenauer am 22. Januar 1963 den Élysée-Vertrag unterzeichnet haben.	3. Le 22 janvier 1963, de Gaulle et Adenauer ont signé le traité de l'Élysée.
4. Sage, dass das Hauptziel dieses Vertrages war, die Franzosen und die Deutschen einander näher zu bringen.	4. L'objectif principal de ce traité était de rapprocher les Français et les Allemands.
5. Sage, dass sich seit 1963 viele Städtepartnerschaften und Austauschprogramme entwickelt haben.	5. Depuis 1963, beaucoup de jumelages et de programmes d'échange se sont développés.

Du sprichst über den deutsch-französischen Austausch

22

1. Frage jemanden, ob er/sie schon an einem Austausch teilgenommen hat.	1. Est-ce que tu as déjà participé à un échange?
2. Sage, dass er dank seines Austausches viele französische Jugendliche kennengelernt hat.	2. Grâce à son échange, il a fait la connaissance de beaucoup de jeunes français.
3. Frage jemanden, ob sie in der Schule auch über die deutsch-französische Freundschaft sprechen.	3. Est-ce que vous parlez aussi de l'amitié franco-allemande à l'école?

Du äußerst deine Meinung über Werbung

1. Sage, dass die Werbung dich nicht überzeugt.	1. La publicité ne me convainc pas.
2. Sage, dass dieses Foto an schöne Momente erinnert.	2. Cette photo évoque des beaux moments.
3. Sage, dass die Werbung die Konsumenten manipuliert.	3. La publicité manipule les consommateurs.
4. Sage, dass die Werbung Natur mit Wohlbefinden in Verbindung bringt.	4. La publicité associe la nature au bien-être.

Du sprichst über die Wirkung von Werbung

1. Frage jemanden, ob Fernsehwerbung ihn/sie manipuliert.	1. Est-ce que la pub à la télé te manipule?
2. Frage, was die Werbung andeuten will.	2. Qu'est-ce que la publicité veut suggérer?
3. Frage, worauf die Werbung aufmerksam macht.	3. Sur quoi est-ce que la publicité attire l'attention?

Du sprichst über Greenwashing

1. Frage, ob dieses Produkt umweltfreundlich ist.	1. Est-ce que ce produit est écologique?
2. Sage, dass man Umweltverschmutzung anprangern muss.	2. Il faut dénoncer la pollution de l'environnement.
3. Sage, dass das Greenwashing falsche Ökolabels benutzt.	3. L'écoblanchiment se sert de faux écolabels.

Qu'est-ce que tu dis?   Module D: Régions à la carte

Du sprichst über Ferienaktivitäten

1. Sage, dass du gerne ans Meer fahren möchtest.	1. Je voudrais aller au bord de la mer.
2. Sage, dass du dich gerne am Strand sonnst.	2. J'aime bien bronzer à la plage.
3. Sage, dass du gerne in der Natur bist.	3. J'aime être dans la nature.
4. Sage, dass dich die Düne von Pilat interessiert.	4. La dune du Pilat m'intéresse.
5. Sage, dass der Atlantische Ozean der ideale Ort für die Ferien ist.	5. L'océan Atlantique est l'endroit idéal pour (passer) les vacances.

Du sprichst über Ferienpläne

1. Frage jemanden, wohin er/sie gerne im Sommer in Urlaub fahren würde.	1. Où est-ce que tu aimerais aller en vacances cet été?
2. Frage jemanden, ob er/sie im Urlaub Sport machen möchte.	2. Est-ce que tu aimerais faire du sport pendant les vacances?
3. Frage jemanden, ob er/sie lieber wandern oder schwimmen gehen möchte.	3. Est-ce que tu préfères partir en randonnée ou aller nager?
4. Frage jemanden, wo die meisten Franzosen ihren Sommerurlaub verbringen.	4. Où est-ce que la majorité des Français passent leurs vacances d'été?

Du sprichst über Vorurteile

1. Sage, dass Männer und Frauen gleichberechtigt sind.	1. Les hommes et les femmes sont égaux.
2. Sage, dass man tolerant sein muss.	2. Il faut être tolérant.
3. Sage, dass du gegen Vorurteile bist.	3. Je suis contre les préjugés.
4. Sage, dass alle Menschen unterschiedlich sind.	4. Tous les hommes sont différents.
5. Sage, dass man die Leute treffen und mit ihnen reden muss.	5. Il faut rencontrer les gens et parler avec eux.
6. Frage jemanden, was für ihn/sie Rassismus bedeutet.	6. Le racisme, qu'est-ce que ça représente pour toi?

Du sprichst über Einwanderung

1. Sage, dass viele Einwanderer vor dem Elend in ihrem Land flüchten.	1. Beaucoup d'immigrés fuient la misère dans leur pays.
2. Sage, dass du die Menschen nicht verstehen kannst, die Einwanderer ablehnen.	2. Je ne comprends pas les gens qui rejettent les immigrés.
3. Sage, dass du dich für die Vielfalt engagierst.	3. Je m'engage pour la diversité.
4. Frage jemanden, ob er/sie zweisprachig ist.	4. Est-ce que tu es bilingue?
5. Frage jemanden, ob er/sie an Heimweh leidet.	5. Est-ce que tu souffres du mal du pays?
6. Frage jemanden, welche Staatsangehörigkeit er/sie hat.	6. Tu as quelle nationalité? / Tu es de quelle nationalité?

Du sprichst über Comics

1. Frage jemanden, welchen Comic er/sie mag.	1. Quelle B.D. est-ce que tu aimes?
2. Frage jemanden, welcher Comic ihm/ihr am meisten entspricht.	2. Quelle B.D. te correspond le mieux?
3. Sage, dass der Comic voller Humor ist.	3. La B.D. a beaucoup d'humour.
4. Sage, dass du eine Widmung von deinem Lieblingsautor haben möchtest.	4. J'aimerais bien avoir une dédicace de mon auteur préféré.
5. Sage, dass Comics nicht dein Ding sind.	5. Les B.D., ce n'est pas mon truc.

Du sprichst über verschiedene Arten von Comics

1. Sage, dass du Comics mit vielen Bildern magst.	1. J'aime les B.D. avec beaucoup de dessins.
2. Sage, dass die Sprechblasen mit viel Text dir weniger gefallen.	2. Les bulles avec beaucoup de texte me plaisent moins.
3. Sage, dass du Mangas vorziehst, weil die Qualität der Zeichnungen wichtig für dich ist.	3. Je préfère les mangas parce que la qualité des dessins est importante pour moi.

	Punkte	Note 1	Note 2	Note 3	Note 4	Note 5	Note 6	Meine Note
Unité 1 A	82	82–74	73–66	65–57	56–49	48–41	40–0	
Unité 1 B	92	92–83	82–74	73–64	63–55	54–46	45–0	
Unité 2 A	95	95–86	85–76	75–67	66–57	56–48	47–0	
Unité 2 B	97	97–87	86–78	77–68	67–58	57–49	48–0	
Unité 3 A	74	74–67	66–59	58–52	51–44	43–37	36–0	
Unité 3 B	85	85–77	76–68	67–60	59–51	50–43	42–0	
Module A	86	86–77	76–69	68–60	59–52	51–43	42–0	
Module B	91	91–82	81–73	72–64	63–55	54–46	45–0	
Module C	68	68–61	62–54	53–48	47–41	40–34	33–0	
Module D	75	75–68	67–60	59–53	52–45	44–38	37–0	
Module E	73	73–66	65–58	57–51	50–44	43–37	36–0	
Module F	74	74–67	66–59	58–52	51–44	43–37	36–0	